U0638986

这是一个亿万富豪最多，被称为"世界第一商人"的民族；是一个最具创新力，获诺贝尔奖人数最多的民族；是一个创人均读书最多的民族；是一个最善于冒险的民族；是一个精于律法和契约的民族；是一个时间观念最强的民族……这就是犹太民族，拥有着世界上独一无二智慧的民族。

犹太人教子
的 18 条经典法则

宿文渊　编著

中国华侨出版社
北京

前　言

犹太民族一直以人才辈出闻名于世界。伟大的政治思想家马克思、无产阶级革命导师列宁、著名心理学家弗洛伊德、伟大科学家爱因斯坦、西班牙画家毕加索、英国经济学家大卫·李嘉图、美国石油大王洛克菲勒、金融大亨索罗斯、华尔街金融巨头摩根……这些在各领域成就辉煌、享誉国际的名人都是犹太裔。自诺贝尔奖设立以来，全世界的获奖者中大约有22%是犹太人，而从人口总数来看，全世界犹太人最多的时候只有1500万。可见犹太人非凡的创造力。

众所周知，犹太民族是一个苦难深重的民族，在这个民族4000多年的历史中，有2000多年他们没有家园，流离失所。他们遭遇过形形色色的排犹主义，在"二战"中，600多万犹太人死于纳粹魔掌之下。然而，这样一个总是在夹缝中求生的民族，却为世界文明做出了巨大的贡献，在经济、科技、思想、文化、教育、服务等各个领域中，他们的地位都举足轻重。甚至有人断言：没有犹太人，世界的历史将会重写。那么，犹太人如此卓越的根源究竟在哪里呢？

世界专家们一致认为：犹太人对家庭教育的高度重视，是犹太人获得如此巨大成就的根本原因。重视亲子教育，是犹太民族最为突出的优良传统。犹太民族在求知、交友、处世、自我修养等各方面的良好传统使他们具备了卓越超群的文化素养。犹太民族将知识和智慧视为自己真正能掌握的财富，他们有着宗教般虔诚的求知好学精神，不仅严于律己，而且将学习、生活、做人、经商等各个方面的智慧精华教给他们的孩子。犹太人的教育不但使犹太人精明、富有，而且还使犹太人不管流落于世界任何一个地方，都能如鱼得水般地开创他们的事业。犹太人相信，良好的家庭教育是世界的希望所在，犹太世界名人的成功，无一不得益于他们父母进行的早期教育以及对家庭教育的巨大投资和执着追求。独到的家庭教育造就了无数精英，熔铸了民族之魂，托起了美好希望，这就是犹太民族的成功秘诀。

随着社会的进步，人们对教育尤其是素质教育越来越重视，作为孩子的家长更是关心孩子的成长。对于正在成长中的孩子来说，如何去设计、创造未来的成长之路，从很大程度上说，决定权掌握在父母手中。正如一句名言说的那样："与其说国家的命运掌握在政治家手里，不如说国家的命运掌握在父母手里，推动摇篮的手也在推动人类的未来。"家庭是人生的第一所学校，父母是子女的第一任老师。父母对孩子的家庭教育，将会影响孩子的一生。他山之石，可以攻玉。犹太人家庭教育的成功经验，值得我们每一个中国父母学习和借鉴，也是当前家庭素质教育的最好参考。

为了给广大中国父母提供一册最优秀的教子读本，我们精心编写了本书，从品质、心态、习惯、求知、交友、金钱等方面全面而系统地总结了犹太人家庭教育的精髓，没有泛泛的理论讲述，从头到尾都由引人入胜的有关犹太人的故事所组成，故事所要表达的思想直接、鲜明地体现了犹太人独特的家庭教育理念。经过时间的历练和成功的实践，这些教育理念已经成为最有效、最受欢迎的教育宝典。全球已有数百万家长和他们的孩子从中受益，相信聪明的父母一定能从书中发现最适合自己孩子的完美教育指南，让孩子成为超级天才。

这是一部科学教子的真经，培养孩子的品质，让他们由平凡走向杰出；这是一份成功人生的向导，熏陶孩子的灵魂，让他们由普通变得卓越。它是您枕边案头不可或缺的教子读本。

目 录

法则 1

仁爱：

发自内心去爱人

馈赠他人，但是不要让他人心生愧疚

施与他人，却又不让他人失去自尊，这是一种高贵的美德。人类的虚荣心理容易使得施予者产生骄傲的虚妄，但能征服这一顽疾的人必定是内心美丽无比的人。

中午高峰时间过去了，原本拥挤的小吃店，客人都已散去，犹太老板正要喘口气翻阅报纸的时候，有人走了进来。

那是一位老奶奶和一个小男孩。

"牛肉汤饭一碗要多少钱呢？"奶奶坐下来拿出钱袋数了数钱，叫了一碗热气腾腾的汤饭。

奶奶将碗推到孙子面前，小男孩吞了吞口水望着奶奶说："奶奶，您真的吃过午饭了吗？"

"当然了。"奶奶含着一块萝卜泡菜慢慢咀嚼。一晃眼工夫，小男孩就把一碗饭吃了个精光。

老板看到这幅景象，走到两个人面前说："老太太，恭喜您，您今天运气真好，是我们的第 100 个客人，所以免费。"

之后过了一个多月的某一天，小男孩蹲在小吃店对面像在数着什么东西，使得无意间望向窗外的老板吓了一大跳。

原来小男孩每看到一个客人走进店里，就把小石子放进他画的圈圈里，但是午餐时间都快过去了，小石子却连 50 个都不到。

心急如焚的老板打电话给所有的老顾客："很忙吗？没什么事，我要你来吃碗汤饭，今天我请客。"像这样打电话给很多人之后，客人开始一个接一个地到来。

"81，82，83……"小男孩数得越来越快了。

终于当第 99 个小石子被放进圈圈里，那一刻，小男孩匆忙拉着奶奶的手进了小吃店。

"奶奶，这一次换我请客了。"小男孩有些得意地说。真正成为第100个客人的奶奶，让孙子招待了一碗热腾腾的牛肉汤饭。而小男孩就像之前奶奶一样，含了块萝卜泡菜在口中咀嚼着。

"也送一碗给那男孩吧。"老板娘不忍心地说。

"那小男孩现在正在学习不吃东西也会饱的道理哩！"老板回答。

吃得津津有味的奶奶问小孙子："要不要留一些给你？"

没想到小男孩却拍拍他的小肚子，对奶奶说："不用了，我很饱，奶奶您看……"

典狱长的妻子

只有真心才会赢得真心，人世间如果没有了一个人对另一个人的真诚帮助，整个世界就会变得如冰窖一般寒冷，毫无生气、希望。

1921年，路易斯·劳斯出任星星监狱的典狱长，那是当时最难管理的监狱。可是20年后劳斯退休时，该监狱却成为一所提倡人道主义的机构。研究报告将功劳归于劳斯，当他被问及该监狱改观的原因时，他说："这都由于我已去世的妻子——凯瑟琳，她就埋葬在监狱外面。"

凯瑟琳是3个孩子的母亲。劳斯成为典狱长时，每个人都警告她千万不可踏进监狱，但这些话拦不住凯瑟琳！第一次举办监狱篮球赛时，她带着3个可爱的孩子走进体育馆，与服刑人员坐在一起。

她的态度是："我要与丈夫一道关照这些人，我相信他们也会关照我们，我不必担心什么！"

一名被定有谋杀罪的犯人双目失明，凯瑟琳知道后便前去看望。她握住他的手问："你学过点字阅读法吗？"

"什么是'点字阅读法'？"他问。

于是她教他阅读。多年以后，这人每逢想起她还会流泪。

凯瑟琳在狱中遇到一个聋哑人，结果她自己到学校去学习手语。

许多人说她是耶稣基督的化身。在1921年至1937年之间，她经常造访星星监狱。后来，她在一桩交通事故中逝世。第二天，劳斯没有上班，代理典狱长暂代他的工作。消息几乎立刻传遍了监狱，大家都知道出事了。

接下来的一天，她的遗体被运回家，她家距离监狱不到1公里。代理典狱长早晨惊愕地发现，一大群最凶悍、看来最冷酷的囚犯，竟齐集在监狱大门口。

他走近后，看见有些人脸上带着眼泪。他知道这些人极爱凯瑟琳，于是转身对他们说："好了，各位，你们可以去，只要今晚记得回来报到！"然后他打开监狱大门，让一大队囚犯走出去，在没有守卫的情形之下，去看凯瑟琳最后一面。结果，当晚每一位囚犯都回来报到。

无一例外！

报恩的蝴蝶

在一切道德品质之中，善良的本性在世界上是最需要的。善良与品德兼备，犹如宝石之于金属，两者互为衬托，增光添彩。

在"二战"期间，德军包围了彼得格勒，企图用轰炸机摧毁其军事目标和其他防御设施。眼看就要全军覆灭，有一位名叫施万维奇的昆虫学家也被困在其中。

由于战火的洗礼，军营附近的生物都惨遭伤害，作为昆虫学家的施万维奇很是痛心。这天，他看到军营不远处的树枝上停着一只蝴蝶，那是一只美丽的花蝴蝶，它在阳光下伸展着美丽的翅膀。他向蝴蝶挥了挥手，希望它远离这个危险的环境。但是蝴蝶反复试了几次还是没法起飞。经验丰富的施万维奇看出了其中的隐情：它一定是受伤了。

施万维奇小心翼翼地将蝴蝶从树上抓了下来带回军营。原来蝴蝶的翅膀受了伤，施万维奇给它上药后，两天后蝴蝶渐渐地康复了。施万维奇依依不舍地将它放回了大自然。

第二天一早，奇迹出现了，施万维奇和他的战友们发现，一夜之间，他们的门前停满了蝴蝶，花花绿绿的，在阳光下扑闪着美丽的翅膀，分外耀眼。施万维奇激动极了，研究昆虫多年，他还没有见过如此壮观的场面。施万维奇突然灵机一动，如果用这些蝴蝶将军事基地伪装起来，那么德军的飞机不就发现不了他们了吗？但是，对于整个军事基地来说，这些蝴蝶还是不够呀。最后，他想出了用黄、红、绿三种颜色涂在军事基地上的方法，将军事基地装扮成了一件大大的迷彩服。因此，德军在飞机上看到的只是一片花草蝴蝶的海洋。尽管德军费尽心机，彼得格勒的军事基地仍安然无恙，为赢得最后的胜利奠定了坚实的基础。

根据同样的原理，后来人们还生产出了迷彩服，大大减少了战斗中的伤亡。因为蝴蝶的翅膀在阳光下时而金黄，时而翠绿，有时还由紫变蓝。科学家通过对蝴蝶色彩的研究，为军事防御带来了极大的裨益。

事后，施万维奇对那次蝴蝶集会的唯一解释是：那只蝴蝶为了报恩，号召同伴利用自己天生伪装的特长来为施万维奇的军事基地作掩护的。

一条胳臂和一只脚

与人为善也就是与自己为善，帮助他人也就是帮助自己。

这是一个来自犹太士兵的故事。他打电话给他的父母，告诉他们："爸妈，我回来了，可是我有个愿望。我想带一个朋友同我一起回家。""当然好啊！"他们回答，"我们会很高兴见到的。"

不过儿子又继续下去："可是有件事我想先告诉你们，他在越战里受了重伤，少了一条胳臂和一只脚，他现在走投无路，我想请他

5

回来和我们一起生活。"

"儿子，我很遗憾，不过或许我们可以帮他找个安身之处。"父亲又接着说，"儿子，你不知道自己在说些什么。像他这样残疾的人会对我们的生活造成负担。我们还有自己的生活要过，不能就让他这样破坏了。我建议你先回家然后忘了他，他会找到自己的一片天空的。"

就在此时，儿子挂上了电话，他的父母再也没有他的消息了。

几天后，这对父母接到了来自警局的电话，告诉他们亲爱的儿子已经坠楼身亡了。警方相信这只是单纯的自杀案件。于是他们伤心欲绝地飞往旧金山，并在警方带领之下到停尸间去辨认儿子的遗体。

那的确是他们的儿子，没错，但令他们惊讶的是：儿子居然只有一条胳臂和一条腿。

故事中的父母就和我们大多数人一样，要去喜爱面貌姣好或谈吐风趣的人很容易，但是要喜欢那些造成我们不便和不快的人却太难了。我们总是宁愿和那些不如我们健康、美丽或聪明的人保持距离。但是在生活中，我们与别人为善，就是与自己为善，与别人过不去，就是与自己过不去。当您对别人"宽大"之时，即是对您自己宽大。让我们再多一份关爱，多一份体谅，多一份宽容，生活的航船才能承载不幸的侵袭。

爱生智慧，智慧改变命运

当你的心中充满爱，就会主动热情地寻找各种办法帮助他人解决困难，而智慧由此产生，你在帮助他人的过程中也会获得丰厚的回报。

一天夜里，已经很晚了，一对年老的夫妻走进一家旅馆，他们想要一个房间。犹太侍者回答说："对不起，我们旅馆已经客满了，一间空房也没有剩下。"但是侍者不忍心深夜让这对老人出门另找住宿。而且在这样一个小城，恐怕其他的旅店也早已客满打烊了，这对疲惫不堪的老人岂不会在深夜流落街头？于是好心的侍者将这对老人引领到一个房间，说："也许它不是最好的，但现在我只能做到这样了。"老人见眼前其实是一间整洁又干净的屋子，就愉快地住了下来。

第二天，当他们来到前台结账时，侍者却对他们说："不用了，因为我只不过是把自己的屋子借给你们住了一晚——祝你们旅途愉快！"原来如此。侍者自己一晚没睡，他就在前台值了一个通宵的夜班。两位老人十分感动。老头儿说："孩子，你是我见到过的最好的旅店经营人。你会得到报答的。"侍者笑了笑，说这算不了什么。他送老人出了门，转身接着忙自己的事，把这件事情忘了个一干二净。

没想到有一天，侍者接到了一封信函，打开看，里面有一张去纽约的单程机票并有简短附言，聘请他去做另一份工作。他乘飞机来到纽约，按信中所标明的路线来到一个地方，抬眼一看，一座金碧辉煌的大酒店耸立在他的眼前。

原来，几个月前的那个深夜，他接待的是一个有着亿万资产的富翁和他的妻子。富翁为这个侍者买下了一座大酒店，深信他会经营管理好这个大酒店。

爱人者，人恒爱之

希望得到别人的关心和注意是人的心理需要，世上每一个人都应当了解这一点。当一个人感到周围的人对自己十分关心时，他心中便会有一种安全、温暖的感觉，就会充满自信和快乐。既然受了别人的关心，那么同样也会去关心别人，这样，人们互相间就容易有一种亲密友好的关系。

犹太人中流传着这样一则寓言：狐狸跟鹤成了好朋友。有一天，狐狸突然想要鹤到自己家里做客，它邀请鹤来吃晚饭。"鹤，亲爱的，来吧，一定要来！真的，我要请你吃顿饭！"

鹤拗不过狐狸的邀请，只好去赴宴。此时的狐狸已经将碎麦米饭煮好，把饭平抹在盘子上。它端上盘子，对鹤说："吃吧，亲爱的鹤！"

鹤用嘴笃笃地敲着盘子，但由于它尖尖的嘴，什么也没有吃着。而狐狸灵巧地舔着盘子上的饭粒，就这样它把饭全都吃掉了。它把饭吃光以后，说："鹤，亲爱的。请别见怪！没有别的东西可以招待啦。"

鹤回答道："狐狸，我怎么会怪你呢？为此我该谢谢你啦！明天请到我家里做客吧。"

第二天，狐狸来到鹤的家里，鹤已经把冷杂拌汤做好，并且把汤倒入颈部细长的罐里，然后把罐放到桌上说："狐狸，请吃吧！说实话，没有别的东西可以招待你。"狐狸围着罐打转转。它一会儿绕着罐走，一会儿又闻闻罐，一会儿舔舔罐，总之，任凭它怎样做，它也没法使它的嘴钻到罐里去。而鹤用它那尖尖的嘴啄汤喝，直到把汤全部喝光为止。"狐狸，请别见怪！没有别的东西可以招待你啦。"

狐狸懊恼极了。它原来想在鹤家吃上它整整一个星期，然后再跑回家里，可现在只得灰溜溜地回家了。

如果狐狸真心地对待鹤，考虑到鹤嘴尖而细长的特点准备饭食，让鹤饱餐一顿，那么在鹤回请它时，也一定不会如法炮制，使狐狸饿着肚子回家的。这就叫以其人之道，还治其人之身。

犹太拉比告诫世人：当别人有求于自己时，只要是正当的要求，就要尽己所能满足对方的要求；当看到别人有困难时，要主动地去帮助别人，这样能使别人懂得你的存在对他的价值，其结果必然是"爱人者，人恒爱之"。

犹太父母告诫小孩子说：人不自利，会变成寄生虫；但只自利，则会成为吸血鬼。完美的人生，是自利与利人的统一！现在他们经常给幼小的孩子们讲述这个故事：

弗莱明是一个穷苦的苏格兰农夫。有一天，当他在田地里工作时，听到附近泥沼里有人发出哭喊声，于是急忙跑过去，发现一个小孩子掉到了粪池里，于是他把这个小孩从死亡边缘救了出来。

第二天，一辆崭新的马车停在农夫家门前，一位绅士优雅地走出来，自我介绍是那个被救小孩的父亲。绅士诚恳地说："你救了我小孩的生命，我要报答你。"农夫说："我救你的小孩是为了自己的良心和对于生命的呵护，我不能因救你的小孩而接受报酬。"就在这时，农夫的儿子从茅屋里走出来，绅士说："让我们来个协议，让我带走他，并让他接受良好的教育。假如这小孩像他父亲一样，他将来一定会成为一位有用于社会的人。"

农夫答应了这个协议。后来农夫的小孩就读于圣玛利亚医学院，并以优异成绩毕业，成为举世闻名的弗莱明·亚历山大爵士，也就是盘尼西林的发明者，并因此荣获诺贝尔奖。

数年后，绅士的儿子不幸染上肺炎。此前，这是一种不治之症，无药可救，但是，有了盘尼西林，他就得救了。绅士是谁呢？是上议院议员丘吉尔。他的儿子是谁呢？就是英国政治家丘吉尔爵士。

真诚地关心他人要无私。生活中这类情况屡见不鲜：有些人，一开始接触给人印象不错，但时间长了，人们却逐渐对他敬而远之，疏远他；有的人刚刚相处，似乎很难交往，但时间一长，人们却越来越喜欢他了。是什么原因造成这种局面呢？原因就在于他们的"人品"不同。

前一种人尽管表面上待人很热情，实际上却是奔着回报去的。他帮助别人，目的是希望放长线钓大鱼，想从别人那里捞取更多的好处。后一种人正好相反，他帮助别人不露声色，施人勿念，并不要求什么回报；但别人对他的帮助，他却受施勿忘，时刻铭记在心，一定找机会报答才能安心。真诚地关心别人还要尽可能避免给对方出难题。有些人只顾自己的需要，丝毫不考虑别人的难处，常向别人提出一些使人难以达到的要求，例如同学之间，考试时要求同学将考卷给他抄袭等。这样做只会使同学之间产生隔阂，造成关系紧张。

犹太父母告诉孩子们说：为人处事之道就是要真诚地对待每一个人，发自内心地去关怀他们。互利改善了世界的品质。汉语的"人"字，十分具有哲学意味，那就是两个人之间的互相支撑——今天你帮我，明天我帮你，这是最浅显的表述。犹太民族之所以具有强大的生命力，就是因为人们之间的互相帮助，这不仅给当事人带来了益处，也给世界带来了进步与温馨。

法则 *2*

付出：

一分耕耘一分收获

杰西克与哈默

关照他人就等于关照自己。

美国黑人杰西克·库思曾经是美国一家名不见经传的小报记者。因为种族歧视，在那家报社中感到四面楚歌、受人排挤。与别人交往更成了他最头疼的事情。

那时，美国的石油大王哈默已蜚声世界，报社总编希望几位记者能采访到哈默，以提高报纸的声誉与销量。

杰西克便在心底暗暗发誓，一定要独立完成稿子，以便让他们不敢轻视自己。

有一天深夜，杰西克终于在一家大酒店门口拦住哈默，并诚恳地希望哈默能回答他几个简短的问题。

对杰西克的软磨硬泡，哈默没有动怒，只是和颜悦色地说："改天吧，我有要事在身。"

最后迫于无奈，哈默同意只回答他一个问题。杰西克想了想，问了他一个最敏感的话题："为什么前一阵子阁下对东欧国家的石油输出量减少了，而你最大的对手的石油输出量却略有增加？这似乎与阁下现在的石油大王身份不符。"

哈默依旧不温不火，平静地回答道："关照别人就是关照自己。而那些想在竞争中出人头地的人如果知道，关照别人需要的只是一点点的理解与大度，却能赢来意想不到的收获，那他一定会后悔不迭。关照，是一种最有力量的方式，也是一条最好的路。"

哈默离去后，杰西克怅然若失地呆站街头。他以为哈默只是故弄玄虚，敷衍自己。当然那次采访也没有收到预想的效果，他一直耿耿于怀，对哈默的那番不着边际的话更是迷惑不解。

直到 10 年后，他在有关哈默的报道中读到这样一段故事——在哈默成为石油大王之前，他曾一度是个不幸的逃难者。有一年冬天，年轻的哈默随一群同伴流亡到美国南加州一个名叫沃尔逊的小镇上，在那里，他认识了善良的镇长杰克逊。

可以说杰克逊对哈默的成功起了不可估量的作用。

那天，冬雨霏霏，镇长门前的花圃旁的小路便成了一片泥淖。于是行人就从花圃里穿过，弄得花圃里一片狼藉。哈默也替镇长痛惜，便不顾寒雨染身，一个人站在雨中看护花圃，让行人从泥淖中穿行。这时出去半天的镇长笑意盈盈地挑着一担炉渣铺在泥淖里。

结果，再也没人从花圃里穿过了。最后镇长意味深长地对哈默说："你看，关照别人就是关照自己，有什么不好？"

爱的传递

爱是一种温暖的循环力量，爱的力量以其温柔打动每个人的心房，是最具穿透力的能量。

一天傍晚，一位叫乔的犹太人驾车回家。冬天迫近，寒冷紧裹着乔，一路上冷冷清清。天开始黑下来，还飘起了小雪，他得抓紧时间赶路。为此，他差点错过那个在路边徘徊的老太太。他看得出老太太需要帮助，于是，他将车开到老太太的奔驰车前，停下来。

虽然他面带微笑，但她还是有些担心。一个多小时了，也没有人停下来帮忙。他会帮助她吗？他看上去穷困潦倒、饥肠辘辘，不那么让人放心。他看出老太太有些害怕，站在寒风中一动不动。他知道她是怎么想的，只有寒冷和害怕才会让人这样。

"我是来帮助你的，老太太。你为什么不到车里暖和暖和呢？顺便告诉你，我叫乔。"他说。

她遇到的麻烦不过是车胎瘪了，乔爬到车下面，找了个地方放上千斤顶，又爬进去一两次。结果，他弄得浑身脏兮兮的，还伤了手。当他拧紧最后一个螺母时，她摇下车窗，开始和他聊天。她说，她从圣路易斯来，只是路过这儿，对他的帮助感激不尽。乔只是笑了笑，帮她关闭后备厢。

她问他该付多少钱，出多少钱她都愿意。乔却没有想到钱，这对他来说只是帮助需要帮助的人，上帝知道过去在他需要帮助时有多少人曾经帮助过他呀。他说，如果她真想答谢他，就请她下次遇到需要帮助的人时，也给予帮助，并且"想起我"。

他看着老太太发动汽车上路了。天气依然寒冷，但他在回家的路上却很高兴，开着车消失在暮色中。

沿着这条路行了几公里，老太太看到一家小咖啡馆，她决定进去吃点东西，驱驱寒气，再继续赶路。

侍者走过来，面带甜甜的微笑递给她一条干净的毛巾，以擦干她湿漉漉的头发。老太太注意到女侍者已有近 8 个月的身孕，但她的服务态度并没有因为过度的劳动和身体的不方便而有所改变。

老太太吃完饭，拿出 100 美元付账。女侍者拿着这 100 美元去找零钱，而老太太却悄悄出了门。当女侍者拿着零钱回来时，正奇怪老太太去哪儿了，这时她才注意到餐巾上有字。"你不欠我什么，我曾经跟你一样，有人曾经帮助过我，就像我现在帮助你一样。如果你真想回报我，就请不要让爱之链在你这儿中断。"女侍者热泪盈眶。

虽然还要清理桌子、服侍客人，但这一天女侍者都坚持下来了。晚上，下班回到家，躺在床上，她心里还在想着那钱和老太太写的话。老太太怎么知道她和丈夫需要钱呢？孩子下个月就要出生了，生活很艰难。她知道她的丈夫是多么焦急，当丈夫走到她旁边时，她给了他一个温柔的吻，轻声说："一切都会好的，我爱你，乔！"

施与的真谛

真心换得真心，爱换得爱。有时候，一份不经意的关怀便叩启了一扇紧闭的心门。

"今天，我一定要断然拒绝他们的要求。"出门之前，犹太老妇人这么想。

这一天，下着很大的雨，她在这样的天气却不顾一切地跑出来，目的是想赶快为眼下这件事画个休止符。

犹太老妇人平时以慈善家闻名。到目前为止，她不时捐东西给遭到天灾人祸的人，或买了很多衣料，送给本市的贫民。可是，这一次的事，性质大不相同，使她无法像平时那样，爽口答应。虽然是为了贫苦无依的孤儿们着想，但要她捐出祖传的土地来建造孤儿院，她实在无法同意。她对世世代代传下来的那一片土地，有无限的感情，何况，她年纪已老，此后的生活，主要的收入来源，就靠那块土地。这是跟她此后的生活有直接关系的事。说得严重一点，她若失去这一块土地，她的生活马上就要受到影响。

"不管对方如何恳求，也不能起一丁点同情心，否则……"想着，想着，犹太老妇人的脚步就越来越快了。

雨越来越大，风也吹得更起劲了。不多久，她到了目的地——一家慈善机构的古色苍然的房子。她推开大门，走进去。由于是个大雨天，走廊上到处湿湿的。她在门口寻找拖鞋来穿。

"请进！"这时候，随着明朗的声音，一位女办事员出现在她眼前。那位女办事员看到没有拖鞋了，立刻毫不考虑地脱下她自己的拖鞋给犹太老妇人穿。

"真抱歉，所有的拖鞋都给别人穿了。"那位小姐还向她恳切地赔不是呢。

犹太老妇人看到那位小姐的袜子，踏在地板上，一刹那间就给濡湿了。

犹太老妇人为她这个行为，莫名感动。就在那一瞬间，她才感悟了"施与"的真正的意义。

她想："平时，我被大家称为慈善家，可是，我做的慈善行为，到底是些什么？我捐出来的，全是自己不再使用的旧东西，再不就是挪用多余的零用钱罢了。那与其说是'施与'，不如说是'施惠'

15

更妥当。所谓的'施与'，应该是拿出对自己来说是最重要的东西，那才有莫大的价值呀！"

犹太老妇人的内心突然起了180度的大改变——她决心捐出那块祖传的土地给这个慈善机构，为可怜的孩子们建立设备完善的孤儿院。

犹太老妇人对那位女办事员说："好温暖的拖鞋。"

女办事员红了脸，不好意思地说："对不起，我一直穿着，所以……"

犹太老妇人连忙打断她的话："不，不，我没有怪你的意思，我是说，你的心，令人感到温暖，也让我明白了许多！"

犹太老妇人向她投以亲切的微笑，然后，朝着经理办公室急步走去……

犹太经典《塔木德》告诉我们："黑夜里还有别人，有人弯下腰点了一堆火，也有人在接着这样做。"有的时候我们只需要知道这些就够了！而众多的犹太拉比却要让孩子明白：真正的关心与施与，需要真情与真心，只有心里装着别人的人，才能从别人那里，使自己得到充实和提升。

宝贵的回报

无私的奉献往往会让我们得到意想不到的回报。

荷兰的一个小渔村里，曾经有位勇敢的犹太少年以实际行动，让全世界的人们懂得了什么是"无私奉献的报偿"。

那是一个漆黑的夜晚，巨浪击翻了一艘渔船，船员们的性命危在旦夕。他们发出了求救信号，而救援队的队长正巧在岸边，听见了警报声，便紧急召集救援员，立即乘着救援艇冲入海浪中。

当时，忧心忡忡的村民们全部聚集在海边祷告，每个人都举着一盏提灯，以便照亮救援队返家的路。

一个小时之后，救援艇冲破了浓雾，向岸边驶来，村民们喜出望外，欢声雷动，当他们精疲力竭地跑到海滩时，却听见队长说："因为救援艇的容量有限，无法搭载所有遇难的人，无奈只得留下其中的一个人。"

原本欢欣鼓舞的人们，听见还有人危在旦夕，顿时都安静了下来，所有人的情绪再次陷入慌乱与不安中。

这时，来不及停下喘息的队长开始组织另一队自愿救援者，准备前去搭救那个最后留下来的人。

16 岁的汉斯立即上前报名，然而，他的母亲听到时，连忙抓住他的手，阻止说："汉斯，你不要去啊！10 年前，你的父亲在海难中丧生，而 3 个星期前，你的哥哥保罗出海，到现在也音讯全无啊！孩子，你现在是我唯一的依靠，千万不要去！"

看着母亲，汉斯心头一酸，却仍然强忍着心疼，坚强地对母亲说："妈妈，我必须去，如果每个人都说'我不能去，让别人去吧'，那情况将会怎么样呢？妈妈，您就让我去吧，这是我的责任，只要还有人需要帮助，我们就应当竭尽全力地救助他。"

汉斯紧紧地拥吻了一下母亲，然后义无反顾地登上了救援艇，和其他救援员一起冲入无边无际的黑暗中。

一小时过去了，虽然只有一个小时，但是对忧心忡忡的汉斯的母亲来说，却是无比漫长的煎熬。忽然，救援艇冲破了层层迷雾，出现在人们的视野中，大家还看见汉斯站在船头，朝着岸边眺望，岸边的众人不禁向汉斯高喊："汉斯，你们找到留下来的那个人了吗？"

远远地，汉斯开心地朝人群挥着手，大声喊道："我们找到他了，他就是我的哥哥保罗啊！"

16 岁的汉斯秉持着一份对生命的爱与热情，那份"我为人人"的奉献精神，让我们看见最耀眼的人性之光。特别是在母亲的哀求声中，他仍然坚持前往救援的决心，最后救回来的人竟是他的哥哥，更让人倍感温馨。也让我们懂得无私的奉献会让我们得到意想不到的回报。

犹太科学家波普尔曾经劝告我们："人只有献身于社会，才能找出那短暂而有风险的生命的意义。"只要我们肯付出，终究会得到应有的报偿，不必计较付出了多少，也不必计较等待了多久。

一条小面包

谦让是最高的美德，懂得谦让的人，终将获得最好的回报。

美国经济大萧条时期，一位富有的犹太面包师把城里最穷的20个小孩召唤来，对他们说："在上帝带来好光景以前，你们每天都可以来拿一条面包。"

每天早晨，这些饥饿的孩子蜂拥而上，围住装面包的篮子你推我嚷，因为他们都想拿到最大的一条面包。等他们拿到了面包，顾不上向好心的面包师说声谢谢，就慌忙跑开了。

只有一个小姑娘，这位衣着贫寒的小姑娘，既没同大家一起吵闹，也没与其他人争抢。她只是谦让地站在一步之外，等其他孩子离去以后，才拿去剩在篮子里的最小的一条面包。她从来不会忘记亲吻面包师的手以表示感激，然后才捧着面包高高兴兴的跑回家。

有一天，别的孩子走了之后，羞怯的她得到一条比原来更小的面包。但她依然不忘亲吻面包师，并向他表达真诚的谢意。回家以后，妈妈切开面包，发现里面竟然藏着几枚崭新发亮的银币。

妈妈惊奇地叫着小女孩，立即把钱给送回去，一定是面包师揉面的时候不小心掉进去的，要小女孩把钱亲自交给好心的面包师。

小姑娘把银币送回去的时候，面包师说："不，我的孩子，这没有错，是我特意把它们放进去的，我要告诉你一个道理：谦让的人，上帝会给予他幸福。愿你永远保持一颗宁静，感恩的心。回家去吧。告诉你妈妈，这些钱是上帝的奖赏。"

谦让的心，有如宇宙中的天空，有如大地的海洋和山谷。谦让者因宽容而博大，因博大而有力。好争的人，天将与之相争；谦让的人，天将与之相让。

幸福的意义在于付出

人生的价值体现在奉献的多寡，而非索取的多少。付出的人永远比索取的人富有，因为只知索取的人贫困不堪，否则缘何不知馈赠？

以色列有两个内海——加利利海和死海。

死海在海平面下 392 米的低处，它的周围是一片无垠的沙漠。死海的水中含有很高的盐分，盐的比重很大，当人掉进去时，身体会自然浮起而不会淹死。死海的水中无鱼，也没有其他任何生物。

加利利海是一个淡水湖，里面含有很多生物，因耶稣基督曾在此地渔猎而享有盛名。海中盛产一种"圣彼得鱼"，这种鱼虽然外观丑陋，可是肉味鲜美，已成该地名产。加利利海边餐厅林立，都以售圣彼得鱼为主，来游览的旅客们常常因此大饱口福。

加利利海的岸边，老树枝叶茂密，树上百鸟云集，啼声悦耳，真是一个充满生趣的美丽世界！

相形之下，死海就没有这么活跃。死海没有任何生物生存在其中，周围也没有半棵树，更听不到鸟儿的歌声。连死海上空的空气，都让人觉得沉重。从来没有一只住在沙漠上的动物，到岸边去喝水。因为如此，人们才会将其命名为"死海"吧。

两者为什么形成如此差别呢？

先哲们的解释是：加利利海不像死海——只知收，而不知出。

约旦河流入加利利海之后，又流了出来，最后归之死海。

加利利海接受了多少东西，也会给别人多少东西，所以它经常是活生生的。而每一滴水，到了死海之后，都要被占有。死海把所有的东西都据为己有，只知进而不知退，因此它才会有一片死气沉沉的景象。

　　世间的事情都一样，只有付出，才有回报。只取不予的做法，是永远不会有成就的。死海因为从不分给别人什么，它才会"死"在那里，人生也如此。

法则 *3*

宽容：

最宽阔的是人的胸怀

让心灵软着陆

孩子的自尊心还非常脆弱，经不起太重的打击，需要我们以爱和宽容去滋养。

著名社会学家韦伯在批改学生的作文时，一篇题为《一块手帕》的文章深深吸引了他，他便当作范文在班上阅读。

"这篇文章是抄来的！"韦伯刚读完这篇作文，一个学生举起手大声地说。他的话音刚落，全班哗然，大家议论纷纷，目光齐刷刷地扫向那个抄袭的同学，她满脸绯红地低下了头。

面对这突然的变故，韦伯停顿了一下，转过话头问大家："同学们，这篇文章写得好不好？"

"好是好，可是……"

"我问的是这篇文章写得好不好，不管其他。"

"太好了！"

"那就请同学们谈谈这篇文章好在哪里，请发言的同学到讲台上来说。"

结果，有 8 位同学发言，大家高度评价了这篇文章。韦伯接着说："同学们，这样好的文章我以前读得不多，可能同学们读得也不多，以后多给同学们推荐一些优秀的文章，在班上宣读，你们以为如何？"

"太好了！"

"那么，对今天第一个给我们推荐优秀文章的同学大家说应该怎么办？"

"谢谢！""非常感谢！"此时，同学们对韦伯的用意已心领神会。

"从今天开始，每周推荐一篇优秀作文，全班同学轮流推荐。

可以拿原文来读，也可以写到自己的作文本上。不过别忘记注明原作者和出处。"同学们会心地笑了，那个抄袭作文的同学也舒心地笑了。

孩子的心灵总是比较脆弱，容易受到伤害，并且受伤的心灵还不易愈合。韦伯的做法，不仅保全了一个孩子的"面子"，既不伤害孩子的自尊心，又能让他认识到自己的错处，而且还给全班学生上了一堂生动的宽容课。爱与宽容永远是最神奇的魔术师，在包含爱与宽容的教育中，孩子才能健康成长。

海涅的课

一个人不论想要在哪一行有所作为，获得别人的尊敬，首先必须做一个有修养的人，一个守信并能同情和宽容他人的人。

莱德勒少尉服役的德国海军炮艇"塔图伊拉"号停泊在威尔士。这天，他兴致勃勃地参加当地举办的一种碰运气的"不看样品的拍卖会"。

那位拍卖商是以恶作剧而闻名遐迩的，所以当拍卖一个密封的大木箱时，在场的人都肯定箱里装满了石头。然而，莱德勒却开价30元，拍卖商随即喊道："卖了！"

打开木箱，里面竟是两箱威士忌酒——战时威尔士极珍贵的酒。

于是，众人大哗，那些犯酒瘾的人出价30元买1瓶，却被莱德勒回绝了，他说他不久要被调走，正打算开一个告别酒会。

当时，在威尔士的著名作家海涅也犯了酒瘾，他来到"塔图伊拉"号炮艇对莱德勒说："听说你有两箱醉人的美酒，我买6瓶，要什么价？"

莱德勒婉言拒绝了。

海涅掏出一大卷钞票，说："给我6瓶，你要多少钱都行！"

莱德勒想了一想说："好吧，我用6瓶酒换你6堂课，教我成为一个作家，如何？"

作家做了个鬼脸，笑道："老兄，我可是花了好几年工夫才学会干这行，这价可够高的。好吧，成交了！"

如愿以偿的莱德勒连忙递上6瓶威士忌。

接着的5天里，海涅不失信用地给莱德勒上了5堂课，莱德勒很为自己的成功得意，他以6瓶酒得到德国最出名的作家指点。海涅眨眨眼说："你真是个精明的生意人。我只想知道，其余的酒你曾偷偷灌下多少瓶？"莱德勒说："1瓶也没有，我要全留着开告别会用呢。"

海涅有事要提前离开威尔士，莱德勒陪他去码头，海涅微笑道："我并没忘记，这就给你上第6堂课。"

在轮船的轰鸣声中，他说："在描写别人前，首先自己要成为一个有修养的人……"

作家接着说："第一要有同情心，第二能以柔克刚，千万别讥笑不幸的人。"

莱德勒说："这与写小说有什么相干？"

海涅一字一顿地说："这对你的生活是至关重要的。"

正在向轮船走去的海涅突然转过身来，大声道："朋友，你在为你的告别酒会发请柬前，最好把你的酒抽样检查一下！再见，我的朋友！"

回去后，莱德勒打开一瓶又一瓶酒，发现里面装的全是茶。他明白，海涅早就知道了实情，然而只字未提，也未讥笑他，依然遵诺践约。此时，莱德勒才懂得，海涅教导他要做一个有修养的人的涵义。

文如其人，文由心生。一个作家首先应该是一个有修养的人，只有这样，他才能用一颗同情的心去体会别人的苦难，用一颗真挚的心去感受他人的艰辛，才能写出真正感人的文章，才能谱出真正美妙的人世乐章。而对于我们来说，也应该是一样的，"修身治国平天下"，如果想要有所作为，想获得别人的尊敬，首先让我们从自己做起，让自己成为一个有修养的人。

宽容的最高境界

世界上最有力量的人是化敌为友的人。宽容自己的亲人、朋友容易，宽容自己的敌人才是道德修养的最高境界。

很久以前，犹太国王罗波安决定不久后就将王位传给三个儿子中的一个。一天，国王把三个儿子叫到跟前说："我老了，决定把王位传给你们三兄弟中的一个，但你们三个都要到外面去游历一年。一年后回来告诉我，你们在这一年内所做过的最高尚的事情。只有那个真正做过高尚事情的人，才能继承我的王位。"

一年后，三个儿子回到了国王跟前，告诉国王自己这一年来在外面的收获。

大儿子先说："我在游历期间，曾经遇到一个陌生人，他十分信任我，托我把他的一袋金币交给他住在另一镇上的儿子，当我游历到那个镇上时，我把金币原封不动地交给了他的儿子。"

国王说："你做得很对，但诚实是你做人应有的品德，不能称得上是高尚的事情。"

二儿子接着说："我旅行到一个村庄刚好碰上一伙强盗打劫，我冲上去帮村民们赶走了强盗，保护了他们的财产。"

国王说："你做得很好，但救人是你的责任，还称不上是高尚的事情。"

三儿子迟疑地说："我有一个仇人，他千方百计地想陷害我，有好几次，我差点就死在他的手上。在我的旅行中，有一个夜晚，我独自骑马走在悬崖边，发现我的仇人正睡在一棵大树下，我只要轻轻地一推，他就掉下悬崖摔死了。但我没有这样做，而是叫醒了他，告诉他睡在这里很危险，并劝告他继续赶路。后来，当我下马准备过一条河时，一只老虎突然从旁边的树林里窜出来，扑向我，正在我绝望时，我的仇人从后面赶过来，他一刀就结果了老虎的命。我问他为什么要救我的命，他说'是你救我在先，你的仁爱化解了我的仇恨。'这……这实在是不算做了什么大事。"

"不，孩子，能帮助自己的仇人，是一件高尚而神圣的事。"国王严肃地说："来，孩子你做了一件高尚的事，从今天起，我就把王位传给你。"

心有定见，而又善于宽容，一个人兼备了这两点，他就是一个出类拔萃的人。在现实生活中，恩将仇报的人和事屡见不鲜；有机会报仇却放弃，反而帮助自己的仇人脱离危险的人和事并不多见。只有如此宽容和豁达的人，才能享受人生的最高境界！

是我打碎了花瓶

孩子的成长，是一个不断犯错、不断改善的过程。父母要培养孩子能够反省自己错误的能力，这比父母或他人指出其错误再改正，效果更好。每个人都会犯有过失，但过失可以教给你的，却是你在任何地方都不可能学到的。

乔治·华盛顿是美利坚合众国的奠基人，美国的第一任总统。他在1775年北美独立战争爆发后任十三州起义军总司令，1789年当选为总统。美国首都华盛顿市就是为了纪念他而命名的。华盛顿出身于大种植园主家庭，家中有大量的果园，果园里长满各种各样的果树，当然也夹杂着一些杂树。杂树会抢掉很多养分，所以为了让果树生长得好，必须把杂树砍掉。一天，老华盛顿给儿子乔治一把斧头，要他到果园里去砍杂树。他嘱咐儿子：要砍掉杂树，但不准错砍一棵果树。儿子答应着向果园里走去。到了果园，乔治挥动斧子，砍掉了一棵又一棵杂树，但一不小心砍倒了一棵樱桃树。他想起了父亲的嘱咐，心中忐忑不安。华盛顿从仆人口中知道了儿子砍断了一棵果树。黄昏时分，他来到果园，站在仍然在劳动的儿子身边，故意问道："孩子！砍得怎么样？没砍掉果树吧？"听了父亲的问话，儿子认真地对父亲说："爸爸，我不说谎。怪我粗心，砍掉了一棵樱桃树。"华盛顿为儿子的诚实感到欣慰。他用鼓励的口气对儿子说："好！原本你砍掉了樱桃树要遭到批评，但是你实话实说，勇于承认自己的错误，我就原谅你了。因为，我宁可损失100棵樱桃树，也不愿意听你说谎话！"

孩子说谎常常令父母感到头痛，遇到孩子说谎时，有的家长是反应过度，好像孩子犯下了滔天大罪；有的家长则会相当自责，认为自己的管教方式不对；也有的家长似乎不去注意这个问题，反而让孩子不知道说话的分寸。而精明的犹太家长是怎么做的呢？他们经常给孩子们讲述犹太拉比和世界各国成功人士诚实的故事，与孩子一起面对这样的问题，帮助孩子找到比说谎更好的方式，去解决遇到的困难。

一般来说，学龄前后的小朋友尚不具有明确的道德观。在他们的认知能力范围中，并不清楚"对的"与"错的"、"真的"与"假的"之间差别在哪里。在他们的认知范围内，只要能让自己舒服、高兴的事就是"对的"，而能让父母生气与责备的事就是"坏的"。唯恐犯错的心理往往会使人们不去尝试新事物或承担风险。

父母都希望孩子能认真学习。父母会说："孩子，只要你好好念书，什么都不用你管。"其实，只有家长唤醒孩子内心的责任心，才能让孩子在心理上和思想上起深层次的变化。父母要有意识地教会孩子学会发现错误。父母要了解孩子的能力、爱好、性格及少儿所特有的心态，这样，才能对孩子循循善诱，使他们能认清方向，少走弯路，早日成功。

列宁8岁的时候，有一次母亲玛丽亚·亚历山大罗夫娜带孩子们到阿尼亚姑妈家中做客。活泼好动的沃洛佳（列宁的爱称），一不留神就把姑妈家的一只花瓶打碎了。但是，没有其他人看见。后来，姑妈阿尼亚问孩子们："花瓶是谁打碎的？"其他孩子都说："不是我！"而小沃洛佳因为害怕说出花瓶是自己打碎的，而遭到姑妈的责骂，所以他也跟着大家大声回答："不——是——我！"其实，母亲已经猜到花瓶是顽皮的小沃洛佳打碎的。因为这孩子性情好动、热烈，曾经损坏过其他物品。

应该怎样解决小沃洛佳隐瞒真相的问题呢？最省事的办法就是直接揭穿并惩罚他，这样，父母和孩子都可立即"如释重负"，但是玛丽亚·亚历山大罗夫娜并没有这样做。她认为，重要的是儿子犯错误后是否对自己的不诚实行为有认识，要针对孩子的心理和思想状况启发他的觉悟。于是她装出相信儿子的样子，回到家中一直对这件事保持沉默，等待着儿子从良心中萌发出对自己行为的羞愧感。她敏感地意识到，小沃洛佳正受着良心的谴责。

有一天，在小沃洛佳临睡前，她走到孩子跟前，抚摸着他的头说晚安，不料孩子突然失声大哭起来，痛苦地告诉妈妈："我骗了阿尼亚姑妈，花瓶其实是我打的，可是我不敢说，害怕阿尼亚姑妈生气责骂我。"听着孩子羞愧难受的述说，玛丽亚·亚历山大罗夫娜安慰了儿子，让他给阿尼亚姑妈写封信，承认错误，阿尼亚姑妈一定会原谅他的。看着这天真、聪明、淘气的孩子的成长，玛丽亚·亚历山大罗夫娜愉快地笑了。令她非常高兴的是，在儿子内心深处进行的这场道德斗争中，诚实的品质取得了胜利。

孩子有时并不知道自己所认识的东西是错误的，也未必明白自己做错了事。他用他的眼光去看，用他的头脑去想，难免不受到限制。孩子说谎大多不含恶意，有些可能是因为自我保护意识，害怕被惩罚，或为了吸引大人的注意、分不明白现实与幻想等原因。所以父母应理清孩子说谎的原因，针对不同的原因采取具体的方法，如此一来，养成孩子诚实的习惯并不难。

以下列出的是犹太人面对孩子说谎时所采取的原则：

1.父母对孩子应以理服人并及时对孩子进行教育。孩子做错了事，在进行教育时，必须"晓之以理"，使孩子明白所做的事情为什么不对。并且孩子做错了事应及时进行教育，今天的事今天办完。事过境迁再进行教育，会使孩子失去真实感。

2. 父母对孩子的教育应前后、内外一致。教育必须保持一贯性。切忌在自己心情好的时候，见孩子做了错事也不进行教育，心情不好时则进行责备、训斥。教育又必须保持一致性。如果对一种行为表现，母亲说对，父亲说错；今天说错，明天又说对，这会使孩子无所适从，只有看父母的脸色行事。

3. 父母应查清孩子不诚实的原因并注意为孩子保密。先了解孩子说谎的原因到底是为什么？是为自我保护、赢得大人注意，还是孩子分不清故事与现实生活有段距离。通常要到 5 岁左右，孩子对现实与幻想之间才有一定的认知区别。另外，对孩子进行教育时能在家里进行教育的，不必拿到外面去。有的父母常吓唬孩子说："明天我到学校去告诉你的老师。"这样使孩子产生恐惧或不信任感，其结果并不理想。

4. 父母对孩子的批评不应重复。孩子做错了事，应当避免多次重复的教育。如父亲说过了，母亲又接着说；今天说过了，明天又接着说，这样容易伤害孩子的自尊心。对感受性比较敏感的孩子应当特别注意。

5. 父母以身作则，适时给予鼓励。"言教不如身教"，父母是孩子接触最多的人，他们的一言一行常是孩子学习、模仿的依据，因此父母须以身作则，为孩子做一个榜样。可以告诉孩子，即使他这一次犯错，只要他能有勇气承认，父母相信他下一次不会再犯同样的错误；也可以将自己小时候类似的经验与他分享，让孩子知道这不是最糟糕的情况。此外，当孩子愿意承认错误时，要给予适时的鼓励，让他能继续朝着正向行为发展。

6. 就事论事，不要盲目责备孩子。家长必须持针对问题点来解决的态度，而不能一味批评孩子做错事情，让孩子失去自尊心。使用开放式的问题，如您可以这样与孩子讨论："你刚才说的话，似乎不是真正发生的事，你愿意再想一想，想得更清楚一点吗？"可以预留一些空间给孩子，将能够给他更多的帮助，同时稳住自己的情绪。如果大声责备或是贸然发火，孩子会受到惊吓，这样就无法清楚知道孩子说谎的目的和动机。要营造一个客观平静的气氛，亲子之间的互动关系才有正向的发展。

拉比告诫世人，不要将大人的生气与自责，投射到孩子身上，打骂他们，这样会造成恶性循环，反而失去教育他们的机会。每个人都会说谎，因此不必太责备孩子的行为，给他们留一些空间，且适宜地给予关心和协助，相信孩子会成为你所期望的那种人。

父母对孩子的教育要掌握分寸。孩子犯了错误，如果父母的批评过于严厉，会挫伤孩子的自尊心，甚至引起孩子反抗；而如果批评不力，平平淡淡又不能震撼其心灵，他就会觉得无所谓。因此，父母必须从爱护孩子出发，一语道破地严肃而又中肯地指出其错误所在、错误性质和危害，彻底揭穿其借口抵赖的心理，并帮助他找出今后改正的办法。这样做，一般都可以达到批评的目的。

爱你的仇人

以恨对恨，恨将永无休止；以爱对恨，恨将消弥。

1944 年冬天，苏军已经把德军赶出了国门，成百万的德国兵被俘虏。每天，都有一队队的德国战俘面容憔悴地从莫斯科大街上穿过。当德国兵从街道走过时，所有的马路都挤满了人。苏军士兵和警察警戒在战俘和围观者之间。围观者大部分是妇女。她们当中的每一个人，都是战争的受害者，或者是父亲，或者是丈夫，或者是兄弟，或者是儿子，都让德国兵杀死了。她们每一个人，都和德国人有着一笔血债。

妇女们怀着满腔仇恨，当俘虏们出现时，她们把一双双勤劳的手攥成了拳头，士兵和警察们竭尽全力阻挡着她们，生怕她们控制不住自己的冲动。

这时，最令人意想不到的事情发生了：一位上了年纪的犹太妇女，穿着一双战争年代的破旧的长筒靴。她走到一个警察身边，希望警察能让她走近俘虏。警察同意了这个老妇人的请求。

她到了俘虏身边，从怀里掏出一个用印花布方巾包裹的东西。里面是一块黑面包，她不好意思地把这块黑面包塞到了一个疲惫不堪的、两条腿勉强支撑得住的俘虏的衣袋里。看着她身后那些充满仇恨的同胞们，她开口说话了："当这些人手持武器出现在战场上时，他们是敌人。可当他们解除了武装出现在街道上时，他们是跟所有别的人，跟'我们'和'自己'一样具有共同外形的共同人性的人。"

于是，整个气氛改变了。妇女们从四面八方一齐拥向俘虏，把面包、香烟等各种东西塞给这些战俘。

面对敌人，普通人的情感是恨不得杀之而后快，这种被我们视为再正常不过的感情，有时恰恰最具毁灭性，它使我们冤冤相报。故事里的犹太老妇恰恰看到了这一点，才能善待自己的敌人。其实，仇恨对于问题的解决根本没有任何作用，它只会激化已有的矛盾。而任何矛盾要想解决，前提就是忘记仇恨，淡化差异，找到双方利益的共同点。

他知道是谁开的枪

以宽容的心原谅伤害你的朋友，你将赢得更加真挚的友谊。

"二战"期间，由犹太人组成的一支游击部队在森林中与敌军相遇，激战后两名战士和部队失去了联系。这两名战士来自同一个小镇。

两人在森林中艰难跋涉，他们互相鼓励、互相安慰。十多天过去了，仍未与部队联系上。这一天，他们打死了一只鹿，依靠鹿肉又艰难度过了几天，可也许是战争使动物四散奔逃或被杀光。这以后他们再也没看到过任何动物。他们仅剩下的一点鹿肉，背在年轻战士的身上。这一天，他们在森林中又一次与敌人相遇，经过再一次激战，他们巧妙地避开了敌人。就在自以为已经安全时，只听一声枪响，走在前面的年轻战士中了一枪——幸亏伤在肩膀上！后面的士兵惶恐地跑了过来，他害怕得语无伦次，抱着战友的身体泪流不止，并赶快把自己的衬衣撕下包扎战友的伤口。

晚上，未受伤的士兵一直念叨着母亲的名字，两眼直勾勾的。他们都以为他们熬不过这一关了，尽管饥饿难忍，可他们谁也没动身边的鹿肉。天知道他们是怎么过的那一夜。第二天，部队救出了他们。

事隔 30 年，那位受伤的战士安德森说："我知道谁开的那一枪，他就是我的战友。当时在他抱住我时，我碰到他发热的枪管。我怎么也不明白，他为什么对我开枪？但当晚我就宽容了他。我知道他想独吞我身上的鹿肉，我也知道他想为了他的母亲而活下来。此后 30 年，我假装根本不知道此事，也从不提及。战争太残酷了，他母亲还是没有等到他回来，我和他一起祭奠了老人家。那一天，他跪下来，请求我原谅他，我没让他说下去。我们又做了几十年的朋友，我宽容了他。"

犹太人相信："以恨对恨，恨永远存在；以爱对恨，恨自然消失。"宽宏大量会使你的精神达到一个新的境界，即使一个很宽容的人，往往很难容忍别人对自己的恶意诽谤和致命的伤害。但惟有以德报怨，把伤害留给自己，才能获得真正的友谊，才能赢得一个充满温馨的世界！

法则 4

诚信：

在道德的阳光下

被拆掉两次的亭子

诚信是人的立身之本。作为父母，不论付出多大的代价，都要以自己的实际行为教育孩子养成践行自己诺言的良好习惯。

犹太政治家福克斯以诚实守信的品德而受到国人的尊重，他一生做人的原则就是两个字：诚实。正是这样的人格品质，使他从一个普通的推销员成为一个国家的元首。

一次，福克斯受邀到一所大学演讲，一个学生问他："政坛历来充满欺诈，在你从政的经历中有没有撒过谎？"福克斯说："不，从来没有。"

大学生在下面窃窃私语，有的还轻声笑出来，因为每一个政客都会这样讲。他们总是发誓，说自己从来没有撒过谎。福克斯并不气恼，他对大学生说："孩子们，在这个社会上，也许我很难证明自己是个诚实的人，但是你们应该相信，这个世界上还有诚实，他永远都在我们的周围。我想讲一个故事，也许你们听过就忘了，但是这个故事对我却很有意义。"

有一位父亲是一个农场主。有一天，他觉得那座亭子已经太破旧了，就安排工人们准备将它拆掉。他的儿子对拆亭子的事很感兴趣，于是对父亲说："爸爸，我想看看你们怎么拆掉这座亭子，等我从寄宿学校放假回来再拆好吗？"父亲答应了。可是，等孩子走后，工人们很快就把亭子拆掉了。孩子放假回来后，发现旧亭子已经不见了。他闷闷不乐地对父亲说："爸爸，你对我撒谎了。"父亲惊异地看着孩子。孩子继续说："你说过的，那座旧亭子要等我回来再拆。"父亲说："孩子，爸爸错了，我应该兑现自己的诺言。"

这位父亲重新召来工人，让他们按照旧亭子的模样在原来的地方再造一座亭子。亭子造好后，他将孩子叫来，然后对工人们说：

"现在请你们把它拆掉。"

福克斯说，我认识这位父亲，他并不富有，但是他在孩子的面前实现了自己的承诺。学生们听后问道："请问这位父亲的名字叫什么？我们希望认识他。"福克斯说："他已经过世了，但是他的儿子还活着。""那么，他的孩子在哪里？他应该是个诚实的人。"福克斯平静地说："他的孩子现在就站在这里，就是我，以色列总统福克斯。"他接着说："我想告诉大家的是，我愿意像我父亲一样对待这个国家，对待这个国家的每一个人。"台下掌声雷动。

将一座亭子拆建两次，绝不仅仅是为了满足一个孩子的愿望，更是为了满足一个成人自我完善的道德要求。在社会生活中，失信会增大交际成本，会使许多简单的事变得艰难甚至不可能。所以，犹太人坚信：一个希望得到社会尊重和支持的人，是不愿意牺牲诚信原则的。在园子里重新拆掉一座亭子，就在孩子的心里重建了一座亭子，这座亭子就是一个信念——对诚信的信念。

守住道德的底线

我们每个人心中都有一条属于自己的道德底线，那就是诚实，守住这条底线需要自觉。

拉斐尔11岁那年一有机会便去湖心岛钓鱼。在鲈鱼钓猎开禁前的一天傍晚，他和妈妈早早又来钓鱼。安好诱饵后，他将鱼线一次次甩向湖心，湖水在落日余晖下泛起一圈圈的涟漪。

忽然钓竿的另一头倍感沉重起来。他知道一定有大家伙上钩，急忙收起鱼线。终于，孩子小心翼翼地把一条竭力挣扎的鱼拉出水面。好大的鱼啊！它是一条鲈鱼。

月光下，鲈鱼一吐一纳地翕动着。妈妈打亮小电筒看看表，已是晚上10点——但距允许钓猎鲈鱼的时间还差两个小时。

"你得把它放回去，儿子。"母亲说。

"妈妈！"孩子哭了。

"还会有别的鱼的。"母亲安慰他。

"再没有这么大的鱼了。"孩子伤感不已。

他环视了四周，已看不到一艘鱼艇和一个钓鱼的人，但他从母亲坚决的脸上知道无可更改。暗夜中那鲈鱼抖动笨大的身躯慢慢游向湖水深处，渐渐消失了。

这是很多年前的事了。后来拉斐尔成为纽约市著名的建筑师。他确实没再钓到那么大的鱼，但他却为此终身感谢母亲。因为他通过自己的诚实、勤奋、守法，猎取到生活中的大鱼——事业上成绩斐然。

在这个故事中，母亲和孩子在放弃时坚守了自己的底线——诚实！而且他们明白这一底线——诚实不是用来做给别人看的，而是用自己的心来判断。我们每个人都有自己的不同底线，只有坚持住了，我们能恰到好处的放弃，才是对自己的"诚实"。

一句谎言引起一场屠杀

要从小教育孩子诚实地说出每一句话，切不可随意编造谎言，因为一句谎言很可能会带来滔天大祸。

1946 年 7 月 4 日，德国法西斯已经灭亡了一年零两个月。这一天，离华沙 170 千米的凯尔采市几百名群情激愤的市民冲上街头，见犹太人就打、就捉，有的犹太人被捉到帕兰蒂大街 7 号的一幢房子里被活活打死。这场屠杀从早上 10 时持续到下午 4 时，有 42 人被杀害，其中 2 人被误认为犹太人而被打死。

说来令人难以置信，这次屠杀竟是由于小孩说谎引起的。赫里安，波兰一个鞋匠的孩子，当时他和父母从 20 千米外的乡村搬到凯尔采市，住了才几个星期，对城里的生活很不习惯。7 月 1 日，他偷偷搭车回到乡村小朋友之中，3 天后他又溜回城里。

见儿子回来，父亲拿起鞭子就揍他："你这顽皮鬼，这几天跑到哪儿去了？是不是给犹太人拐去了？"孩子见爸爸凶神恶煞，害怕了，于是顺水推舟地"承认"了这几天是被犹太人拐去，还谎称犹太人把他拐到帕兰蒂大街7号的一个地窖里虐待他。

第二天上午，愤怒的父亲到警察局去报案。在回家的路上，很多路人好奇地问父子俩发生了什么事，父子俩绘声绘色地说赫里安被犹太人拐去折腾了几天。

当时，虽然"二战"已结束了，但德国法西斯的排犹思潮阴云未散。几个群众听信了谎言，异常愤怒，声言要对犹太人报复，而捏造的"事实"在几小时内一传十，十传百，越传越走样（甚至传说赫里安被犹太人杀害了。）于是酿成了这一天对犹太人的屠杀惨剧。

如今赫里安已经是个老人了，但每当他回想起这段历史，就有一种负罪感。帕兰蒂大街7号这幢房子如今已重新修葺，改为纪念馆。

一诺千金

一诺千金看来只是一种作风，一种实在，一种牢靠，可它的内涵涉及对世界是否郑重。诚挚、严谨的人做人做事光明磊落，说话落地生根，一言既出，驷马难追。这种准则已超出了功利价值，而饱含着崇高的人类理想、精神和正气在其中。

犹太人很早就意识到了这一点，他们常用"一诺千金"来形容一个人很讲信用，说话算数。在他们的学习和日常生活当中，也确实做到了无时无刻不信守诺言。而且他们还将这种优良品质灌输给孩子，告诉他们"一言既出，驷马难追"的道理。他们常给孩子讲下面这个故事。

从前，有一对好朋友陀力卡拉和劳伦斯基。两个人都很有学识，德行也受到大家的称赞，分不出谁好一些，谁差一点。有一年，洪水泛滥，淹没了许多村庄和大片的良田，百姓叫苦连天。陀力卡拉和劳伦斯基的家乡也遭了灾，房子都被大水冲走了，盗贼也趁火打劫，四下作案，很不太平。

无奈，陀力卡拉和劳伦斯基只得和别的几个邻居一起坐了船去逃难。船上的人都到齐了，物品也装妥了，马上就要解缆离岸出发。这时候，远处忽然奔过来一个人，他背着包袱跑得气喘吁吁，大汗淋漓。这个人也顾不得擦汗，一边朝这边挥手一边扯开嗓子大叫道："先别开船，等等我，等等我呀！"

这人好不容易跑到船跟前，上气不接下气地说："船都被人叫完了，没有人肯收留我，我远远看到这边还有一条……船，就跑过来……求求你们……带上我……一起走吧……"陀力卡拉听了，皱起眉头想了想，对这个人说："对不起得很，我们的船也已经满了，你还是再去另想办法吧。"劳伦斯基却很大方，责备陀力卡拉说："陀力卡拉兄，你怎么这样小气，船上还很宽裕嘛，见死不救可不是君子所为，带上人家吧。"陀力卡拉见劳伦斯基这样说，就不再坚持自己的意见，略微沉思片刻，答应了那人的请求。

陀力卡拉和劳伦斯基的船平安地走了没几天，就碰上了盗贼。盗贼们划船追过来，眼看盗贼越追越近了，船上的人们都惊慌不已，不知该怎么办好，拼命地催促船家快些、再快些。

劳伦斯基也害怕得不行，他找陀力卡拉商量说："现在我们遇上盗贼，情况紧急，船上人多了没有办法跑得更快。不如我们让后上船的那个人下去吧，也好减轻船的重量。"陀力卡拉听了，严肃地回答道："开始的时候，我考虑良久，犹豫再三，就是怕人多了行船不便，弄不好会误事，所以才拒绝人家。可是现在既然已经答应了人家，怎么能够又出尔反尔，因为情况紧急就把人家甩掉呢？"劳伦斯基听了这番话，面红耳赤，羞愧得说不出话来。

在陀力卡拉的坚持下，他们还是像当初一样，携带着那个后上船的人，始终没有抛弃他。而他们的船也终于在大家的共同努力下，摆脱了盗贼，安全地到达了目的地。

劳伦斯基表面上大方，实际上是在不涉及自己利益的情况下送人情。一旦与自己的利益发生矛盾，他就露出了极端自私、背信弃义的真面孔。而陀力卡拉则一诺千金，不轻易承诺，一旦承诺就一定要遵守。我们应该向陀力卡拉学习，守信用、讲道义，像劳伦斯基那样的德行，是应该被人们所鄙弃的。

处在大千世界，有着太多随意许诺，却从不兑现的人。那种人较这种一诺千金的人似乎活得轻松。可惜，这种情景不会长久，一个人失信多了，他的诺言也就被当成戏言，大打折扣，全面降价且不说，别人会怎样看轻他呢！就是他自己，那种无聊、倦怠都会渐渐袭上心头。人一沾上那种潦倒的气味，做人的光彩就会大为逊色。

作为家长要像犹太家长那样，教育孩子注意自己的言行，说过的话一定要兑现，这样的人才能有所作为。

守时的康德

守时是一个人信誉的重要体现，也是一种值得称道的美德。我们要教育孩子从小养成守时的良好习惯。

1779 年，德国哲学家康德计划到一个名叫瑞芬的小镇去拜访朋友威廉·彼特斯。他动身前曾写信给彼特斯，说 3 月 2 日上午 11 点钟前到他家。

康德是 3 月 1 日到达瑞芬的，第二天早上便租了一辆马车前往彼特斯家。朋友住在离小镇 12 英里远的一个农场里，小镇和农场中间隔了一条河。当马车来到河边时，车夫说："先生，不能再往前走了，因为桥坏了。"

康德下了马车，看了看桥，发现中间已经断裂。河虽然不宽，但很深而且结了冰。

"附近还有别的桥吗？"他焦虑地问。

"有的，先生。"车夫回答说，"在上游 6 英里远的地方还有一座桥。"

康德看了一眼怀表，已经 10 点钟了。

"如果走那座桥，我们什么时候可以到达农场？"

"我想要 12 点 30 分才能到。"

"可如果我们经过面前这座桥最快能在什么时间到。"

"不用 40 分钟。"

"好！"康德跑到河边的一座农舍里，向主人打听道，"请问您的那间披屋要多少钱才肯出售？"

"您会要我简陋的披屋，这是为什么？"农夫大吃一惊。

"不要问为什么，您愿意还是不愿意？"

"给 200 法郎吧！"

康德付了钱，然后说："如果您能马上从披屋上拆下几根长的木条，20 分钟内把桥修好，我将把披屋还给您。"

农夫把两个儿子叫来，按时完成了任务。

马车快速地过了桥，在乡间公路上飞奔着，10 点 50 分赶到了农场。在门口迎候的彼特斯高兴地说："亲爱的朋友，您真准时。"

可能有人会觉得康德过于迂腐，为了守时付出的代价太大。的确，每个人都有自己的价值观念，但守时、守约对于康德来讲无疑是最重要的。守时看似是小事，但它反映的是一个人的生活作风和行事方式。

康德对这种小事都能做到一丝不苟，可见他在治学方面的严谨程度，在哲学方面能够创造出如此高的成就也就没什么意外了。很难想象一个小事都处理不好的人会有什么大作为。

把最后一碗粥留给自己

信任一种有效的制度比信任个体的人更可靠。

有这样 7 个犹太人，命运安排他们必须住在一起。他们每天都会得到一桶粥，这桶粥勉强可以维持他们 7 个人的生计。

开始他们一看见装粥的桶，就争先恐后地去抢，唯恐少了自己那份。后来大家觉得这样会伤和气，就聚拢起来商量，最后他们想出一个办法：轮流分粥，每人负责一天。这样做，当然比争来抢去好多了，但是每个礼拜，只有自己负责分粥的那天才能吃饱，其余 6 天还是饿肚子——毕竟，给自己尽量多分一点粥的权力，每个人每周也就那么一次。时间久了，他们觉得这个办法不妥，于是决定选一个德高望重的人出来，由他负责每天的分粥事务。

开始还好，可没过多久，大家就跟当初抢粥那样，抢着巴结讨好那个德高望重的人——这期间当然会产生腐败，分粥仍然没有公正可言。

后来他们决定：选出 3 个人组成分粥执行委员会，另 4 个人组成分粥评议委员会。这样大家互相监督，权力制衡，谁也不能轻易给自己多分一点粥。这个精妙的办法导致的直接结果是：每到粥桶送到的时间，大家都围着粥桶喋喋不休，互相争辩，等最终分到大家都满意的程度时，粥显然已经凉了。虽然这样谁也不能轻易占到别人的便宜，但每次都喝凉粥显然还是令人很不愉快。

最终，他们还是放弃了这个看来不失民主的办法，而重新选择了那种古老的分法：轮流分粥，每人负责一天。但他们给这条规则后加了一条限制语：负责分粥的那个人，只有等别人挑完后，最后一碗粥才是他的。

这条限制语的聪明之处在于：负责人为了不让自己拿到最少的那碗粥，所以会尽可能把粥分得一样多——这样，他虽然在行使权力时无法为自己牟取比他人更多一点的粥，但至少能保证自己不吃亏。"不吃亏"这时候已经成了负责人的目标，而不是像以前那样仅仅是他人的目标。从此以后，他们便和和气气地住在一起，谁也没有因为分粥的事跟他人闹过不愉快。

如今，我们生活在一个分工非常细化的时代，每个人都不可能

41

脱离了他人而存在，这样，人际关系就是令许多人非常头疼的事情。之所以头疼，是因为每个人潜意识里都认为那桶粥是不变的，而他人多分去一份，也就意味着自己少了一份，他人于是变成自己的地狱——设防是当然的了，不信任是当然的了。在这种心理机制下，快乐离我们越来越远。

要重获那种久违的快乐，犹太人总结出的办法之一就是：把最后一碗粥留给自己。

法则 5

尊严：

一切伟大的渊源

我知道你是明星

做人要有自尊心，对待任何人都要不卑不亢。

犹太著名电影明星阿依德将车开到检修站，一个女工接待了他。她熟练灵巧的双手和年轻俊美的容貌一下子吸引了他。整个以色列都知道他，但这个姑娘却没表示出丝毫的惊讶和兴奋。

"您喜欢看电影吗？"他不禁问道。"当然喜欢，我是个电影迷。"她手脚麻利，看得出她的修车技术非常熟练。

半小时不到，她就修好了车。"您可以开走了先生。"他却依依不舍："小姐，您可以陪我去兜兜风吗？""不，先生，我还有工作。""这同样是你的工作。您修的车，难道不亲自检查一下吗？""好吧，是您开还是我开？""当然我开，是我邀请您的嘛。"

车跑得很好。姑娘说："看来没有什么问题，请让我下车好吗？""怎么您不想再陪陪我吗？我再问您一遍，您喜欢看电影吗？""我回答过了，喜欢，而且是个影迷。""您不认识我？""怎么不认识，您一来我就认出了，您是当代影帝阿列克斯·阿依德。""既然如此，您为何对我这样冷淡？""不！您错了，我没有冷淡。只是没有像别的女孩子那样狂热。您有您的成绩，我有我的工作。您今天来修车，是我的顾客，我就像接待顾客一样接待您。将来如果您不再是明星了，再来修车，我也会像今天一样接待您。人与人之间不应该是这样吗？"

他沉默了。在这个普通的女工面前，他感觉到自己的浅薄与狂妄，"小姐，谢谢！您让我受到了一次很好的教育。现在，我送您回去。再要修车的话，我还会来找您。"

对权贵和名流的崇拜，只能给我们带来两种结果：第一是对自己的自卑心的安慰，第二是对自尊心的亵渎。人生而平等，生活中的每个人都一样重要，我们有什么必要降低自己的人格去向权贵和名流表达平白无故的敬意？恪守本分，不卑不亢，如此做人才不丧失尊严。

自尊

一个不食嗟来之食，有着自尊心的人才是一个真正的人，也只有这样的人才能获得真正的成功。

1914 年一个寒冷的冬天，美国加州沃尔逊小镇来了一群逃难的流亡者。长途的辗转流离，使他们每个人都面呈菜色，疲惫不堪。善良而朴实的沃尔逊人，家家都燃炊煮饭，友善地款待这群流亡者。镇长杰克逊大叔给一批又一批的流亡者送去粥食，这些流亡者，显然已好多天没有吃到这么好的食物了，他们接到东西，个个狼吞虎咽，连一句感谢的话也来不及说。

只有一个年轻人例外，当杰克逊大叔把食物送到他面前时，这个骨瘦如柴、饥肠辘辘的年轻人问：“先生，吃您这么多东西，你有什么活儿需要我做吗？”杰克逊大叔想，给一个流亡者一顿果腹的饭食，每一个善良的人都会这么做。于是，他说：“不，我没有什么活儿需要您来做。”

这个年轻人的目光顿时黯淡下来，他硕大的喉结剧烈地上下动了动说：“先生，那我便不能随便吃您的东西，我不能没有经过劳动，便平白得到这些东西。”杰克逊想了想又说：“我想起来了，我家确实有一些活儿需要你帮忙。不过，等你吃过饭后，我再给你派活儿好了。”

“不，我现在就做活儿，等做完您的活儿，我再吃这些东西。”那个青年站起来。杰克逊大叔十分赞赏地望着这个年轻人，但他知道这个年轻人已经两天没有吃东西了，又走了这么远的路，可是不给他做些活儿，他是不会吃下这些东西的。杰克逊大叔思忖片刻说:"小伙子,你愿意为我捶背吗?"那个年轻人便十分认真地给他捶背。

捶了几分钟杰克逊便站起来说:"好了,小伙子,你捶得棒极了。"说完遂将食物递给年轻人。

年轻人这才狼吞虎咽地吃起来。杰克逊大叔微笑着注视着那个青年说:"小伙子,我的庄园太需要人手,如果你愿意留下来的话,那我就太高兴了。"

那个年轻人留了下来,并很快成为杰克逊大叔庄园的一把好手。两年后,杰克逊把自己的女儿玛格珍妮许配给了他,并且对女儿说:"别看他现在一无所有,可他将来百分之百是个富翁,因为他有尊严!"

果然不出所料,20多年后,那个年轻人真的成为亿万富翁了,他就是赫赫有名的美国石油大王犹太人哈默。哈默穷困潦倒之际仍然有自尊、自立的精神,赢得了别人的尊敬和欣赏,也为自己带来了好运。

哈默成功的经历告诉我们当一个人总是在靠别人的施舍过活并把它当成一种理所当然时,他收获的只会是别人的鄙弃;而当一个人在穷困潦倒时也能坚守自己的一份矜持,也能自己尊敬自己时,他才会赢得别人的尊敬!

尊严

男儿膝下有黄金。要从小教育孩子要有做人的尊严和骨气,要不畏强权,敢于反抗。

布朗的母亲是他7岁那年去世的,父亲后来续娶了一个犹太人,继母来到他家的那一年,小布朗11岁了。

刚开始,布朗不喜欢她,大概有两年的时间他没有叫她"妈",为此,父亲还打过他。可越是这样,布朗越是在情感中有一种很强烈的抵触情绪。然而，布朗第一次喊她"妈"，却是在他第一次也是唯一的一次挨她打的时候。

一天中午，布朗偷摘人家院子里的葡萄时被主人给逮住了，主人的外号叫"大胡子"，布朗平时就特别畏惧他，如今在他的跟前犯了错，他吓得浑身直哆嗦。

大胡子说："今天我不打你也不骂你，你只给我跪在这里，一直跪到你父母来领人。"

听说要自己跪下，布朗心里确实很不情愿。大胡子见他没反应，便大吼一声："还不给我跪下！"

迫于对方的威慑，布朗战战兢兢地跪了下来。这一幕，恰巧被他的继母给撞见了。她冲上前，一把将布朗提起来，然后，对大胡子大叫道："你太过分了！"

继母平时是一个没有多少言语的性格内向之人，突然如此震怒，让大胡子这样的人也不知所措。布朗也是第一次看到继母性情中另外的一面。

回家后，继母用枝条狠狠地抽打了两下布朗的屁股，边打边说："你偷摘葡萄我不会打你，哪有小孩不淘气的！但是，别人让你跪下，你就真的跪下？你不觉得这样有失人格吗？不顾自己人格的尊严，将来怎么成人？将来怎么成事？"继母说到这里，突然抽泣起来。

布朗尽管只有13岁，但继母的话在他的心中还是引起了震撼。他猛地抱住了继母的臂膀，哭喊道："妈，我以后不这样了。"

继母教会了布朗人生中的重要一课——人活着要有尊严。继母因为懂得这一点所以从没有勉强小布朗叫她母亲，当然她同样不允许别人侮辱小布朗。

的确，人都会犯错，有时会犯很严重的错误。可是，这并不意味着他要被剥夺改过自新的权力或者做人的尊严。人认识到这一点，对别人的要求也许就不会过于苛刻。对人自身而言，自尊使他对自己有了更高的要求，不再随波逐流，他便能追求、创造崇高的人生。

说大话者让人鄙视

虚张声势，从来是不可怕的。

从前，有个农夫正在菜园里松土，突然从土疙瘩后面跳出一只很大的毒蜘蛛。

"多么可怕的蜘蛛！"农夫吓得惊叫一声，跳到一边去。"谁敢动动我，我就咬死谁！"毒蜘蛛发出咝咝怪叫，舞动着长爪子，威胁农夫。毒蜘蛛向前爬了几步，张开大嘴做出咬人的凶相，对农夫说："蠢农夫，你要听明白，只要被我咬一口，你就会有死的危险。你先是在痛苦中抽搐，接着在极度痛苦中咽气！走开，别靠近我，否则，你就要倒大霉了！"

农夫心里清楚，这个小东西是在装腔作势，而且过高地估计了自己。农夫向后退了一步，用足了力气，光着脚丫子狠命地踩着蜘蛛，一边说："你嘴上讲得挺厉害，可你又怎么样呢？我这个泥巴腿倒要领教领教，看你能不能咬死我！"毒蜘蛛被踩死了。在它生命的最后一息，仍然狠命地在农夫的大脚掌上咬了一口。

不知是农夫因为脚掌长满了厚厚的老茧，还是深信蜘蛛的威胁只不过是吹牛，他除了感到轻轻一蜇之外，没有任何别的感觉。

说大话者永远让人鄙视。犹太人很早就认识到了这一点，他们也是这样教育孩子的。犹太拉比经常给孩子们讲这两个故事。

从前，有一只山雀飞到海边，它夸下海口，说是要把大海烧枯！全世界都为山雀这一奇怪的举动而不安地议论纷纷。京城里挤满了吃惊的居民；森林里的野兽川流不息地跑过来；鸟儿也成群结队地往海边飞。大家都想看海水怎样燃烧，热量又有多大。那些听到这轰动消息的人们都跑了过来，大家挤到一块，张大着嘴巴眺望这场奇观，他们默默地凝视着海洋，这时有人说话了："快看！快看！海沸腾了！快看，海着火了！""不对！海在燃烧吗？不，没有燃烧。海发烫了吗！一点没有呀！"山雀吹牛夸口，结果如何呢？我们的英雄羞惭地逃回了它的巢。山雀的大话闹得满城风雨，却不曾把海烧着。

有只老鹰总在村子上空飞翔，一心一意想要下来抓小鸡。可不幸的是它被猎人看见了，猎人瞄准它就是一枪。空中强盗给打中了，顿时掉在地上，然而，鹰毛仍在空中飘了很久……这时公鸡从矮树林里正往外走，一看，它最怕的家伙一动也不动，两眼没有了神，利嘴失去了力量。这时候公鸡一下子变得威武万分！它的那顶鸡冠简直跟血一样红。"喂，鸟儿们，都来瞧一瞧吧！"它发出胜利的呼声，几乎喊破了喉咙。鸟儿飞来，看见老鹰在公鸡脚下。"好样的，大公鸡！好样的，智谋家！你的力气竟这么大！"这位吹牛大王越叫越威风，用战胜者的姿态向四面瞅。偏偏有位朋友过去把那老鹰翻个脸朝天，从毛里面一啄啄出一颗子弹，接着又啄出一颗。于是，真相大白，吹牛大王灰溜溜地溜走了。

有的人很像这只公鸡，最擅长的就是吹牛。

犹太家长从孩子小时候就教育他们要实事求是，不说大话。只有凡事符合实际，才能令人信服，赢得他人的信任。盲目吹嘘只能引起别人的反感，久而久之，会失去原本相信自己的朋友。

最丑陋的是自大

世界上有很多不美丽的东西，但是其中最丑陋的便是"自大"。

犹太人认为，当一个人自满自大时，就会失去一个人应有的谦虚以及改过向上的念头。自满自大的人很容易犯错。因此，《犹太法典》虽不认为自大是一种罪过，但却认为它是一种愚昧。有很多人总以为自己是世界的中心，但是周围的任何人却不可能那么重视自己，因此他厌恶别人的漠不关心，同时更为自己没有达到更高的目标而生气，于是就会产生过度的自我厌恶。在犹太人看来，这也是自大的一种。这种自我厌恶和虚荣心是互为表里的。

犹太人常说："如果自己的内心已由自己占满，就再也不会有留给神住的地方了。"因此在犹太人中，在夸奖别人之前，绝不会夸奖自己。

犹太人告诫孩子们不可自大时，常引用《圣经·创世记》做比喻：在《创世记》中，神首先分开了光明和黑暗；再分割天空和地面；并将地面划分为水和陆；然后他开始创造生物；到了最后才创造人——亚当；因此，甚至连跳蚤都比人早到这个世界，所以人有什么了不起呢？就是在动物面前，也没有耀武扬威的资格。

同时，犹太人教育孩子要谦虚，谦虚是一种美德。因此《犹太法典》对谦虚有很严格的规定。告诫人们说："即使是一个贤人，只要他炫耀自己的知识，他就不如一个以无知为耻的愚者。"

中国古代也流传着一个有关做人要谦虚，不要狂妄自大的故事，相信很多人都知道。

从前，有个小国，国土面积极小，人口稀少、土地贫瘠，物产也极少。可是那个国家的国王却非常骄傲、自以为他所统治的国家是天下唯一的大国。有一次，一个国土面积大概是该国 10 倍的大国使臣访问该国。这位国王在和使臣谈话的时候，竟不知高低地说道："你国与我的国家比起来，究竟哪个大？"所以这个故事广为流传，用来比喻妄自尊大的人。

如上文中国王，自大者不知天多高，地多厚，也不知道山外有山，天外有天，盲目自高自大。

人的某种盲目性的产生，往往是因为他们对某种事物缺乏深刻的了解。人的高傲或者自卑，也是由于他们对自身缺乏一定的了解所致。实践证明，人们只有对自己有了透彻的了解，那他才会将自己置于恰当的位置，做到有自知之明。这里，如何认识自己的角色是很重要的。

不论是上司还是下属，既然都是人，那么他们都会有许多相同的地方。

以男性为例，他们对爷奶来说是孙子，对爸妈来说是儿子，对妻子来说是丈夫，对儿女来说是爸爸，对哥姐来说是弟弟，对弟妹来说是哥哥等。再以上司乘专车外出开会为例，此时上司和司机，一个是前去参加会议，一个是为了保证参加会议者能够及时到会，二人志同道合，可谓同志；第二天饭后，二人同逛商店，相互出主意购买各自喜欢的东西，彼此可互为参谋；晚上有文艺节目，司机非常想看，可上司却想和他下象棋，司机便成全了上司的意愿，二人可谓是朋友；上司在街上遇到歹徒的纠缠，司机挺身而出，为其解除了麻烦，此时的司机可谓是上司的保镖，如此等等。类似以上角色，绝不会以人的职务来划分。

上述事实说明，一个人的角色是多种多样的，职务的角色仅是一个人众多角色中的一种。角色会随着时间、地点、条件的变化而变化，绝不可能固定在一种方式上。一个人，尤其是做上司的人，如果他能够认清这个问题的话，那么他就能够做到从事的事业也一定会顺利和成功。可以说，分析自己的多种角色是人们能够做到有自知之明的思想基础，离开了这个基础要想做到自知之明是不可能的。

"夜郎自大"者好大喜功，属于功劳型。这里的功劳型并非真正的功劳型，是专指那种自以为对某个领导成员的任命等帮过"大忙"的人，例如说些好话，拉了选票等。这种人视野很狭窄，闭口不讲受命者的功绩和才干，看不到组织的力量，无视群众的作用，常常在人们面前借夸夸其谈以炫耀自己。因他也曾说些好话，拉过选票，所以就"居功自傲"，甚至使领导受之驾驭。一旦被驾驭，就可能会在工作的协调中失去平衡，先是在部属中，继而在领导成员中形成积怨，经常导致新的矛盾。功劳型的人将自己应享受的民主权力当作要挟领导的资本，一旦目的达不到，就会散布不满情绪，腐蚀领导班子的团结。

此外，法典还对自大的危险提出了警告："金钱是自大的捷径，而自大是罪恶的捷径。"

犹太家长时常告诫孩子：不把内在显现给别人看的人，才是最聪明的人。不自大，也是犹太民族处世技巧之一。

法则 6

坚强：

把困难雕刻成微笑

永远的一课

生命中的一些逆境其实并没有想象中的那么可怕，勇敢地迎上去，你会发现，困难不过如此，很容易就能被我们击败。

那天的暴风雪真大，外面像是有无数发疯的怪兽在呼啸厮打。雪恶狠狠地寻找袭击的对象，风呜咽着四处搜索。大家都在喊冷，读书的心思似乎已被冻住了。一屋的跺脚声。

鼻头红红的拉比撒该挤进教室时，等待了许久的风席卷而入，墙壁上的《塔木德》一鼓一顿，开玩笑似的卷向空中，又一个跟头栽了下来。

往日很温和的拉比撒该一反常态：满脸的严肃庄重甚至冷酷，一如室外的天气。

乱哄哄的教室静了下来，他们惊异地望着拉比撒该。

"请同学们穿上鞋，我们到操场上去。"

几十双眼睛在问。

"因为我们要在操场上立正5分钟。"

即使拉比撒该下了"不上这堂课，永远别上我的课"的恐吓之词，还是有几个娇滴滴的女生和几个很横的男生没有出教室。

操场在学校的东北角，北边是空旷的菜园，再北是一口大塘。那天，操场、菜园和水塘被雪连成了一个整体。

矮了许多的篮球架被雪团打得"啪啪"作响，卷地而起的雪粒雪团呛得人睁不开眼张不开口。脸上像有无数把细窄的刀在拉在划，厚实的衣服像铁块冰块，脚像是踩在带冰碴的水里。他们挤在教室的屋檐下，不肯迈向操场半步。

拉比撒该没有说什么，面对他们站定，脱下羽绒衣，线衣脱到一半，风雪帮他完成了另一半。"在操场上去，站好！"拉比撒该脸色苍白，一字一顿地对他们说。

谁也没有吭声，他们老老实实地到操场排好了3列纵队。

瘦削的拉比撒该只穿一件白衬裤，衬裤紧裹着的他更显单薄。

后来，他们规规矩矩地在操场站了5分多钟。

在教室时，同学们都以为自己敌不过那场风雪，事实上，叫他们站半个小时，他们顶得住，叫他们只穿一件衬衫，他们也顶得住。

正如生命中的许多伤痛一样，其实并不如自己想象的那么严重。如果不把它当回事，它是不会很痛的。你觉得痛，那是因为你自以为伤口在痛，害怕伤口的痛。面对困难，许多人戴了放大镜，但和困难拼搏一番，你会觉得，困难不过如此。

抬头是片蓝蓝的天

人一生中难免遇到失败和挫折，这时候要勇敢地抬起头来，你看到的将是充满希望的蓝蓝的天空。

在一个美国犹他州贸易洽谈会上，捷弗斯作为会务组的工作人员，把一个犹太中年人和一个犹太小伙子送进了他们的住房——一家高级酒店的38楼。小伙子俯看下面，觉得头有点眩晕，站在他身边的中年人关切地问，你是不是有点恐高症？

小伙子回答说，是有点，可并不害怕。接着他聊起小时候的一桩事："我是山里来的孩子，那里很穷，每到雨季，山洪暴发，一泻而下的洪水淹没了我们放学回家必经的小石桥，拉比就一个个送我们回家。走到桥上时，水已没过脚踝，下面是咆哮着的湍流，看着心慌，不敢挪步。这时拉比说，你们手扶着栏杆，把头抬起来看着天往前走。这招真灵，心里没有了先前的恐怖，也从此记住了老师的这个办法，在我遇上险境时，只要昂起头，不肯屈服，就能穿越过去。"

中年人笑笑，问小伙子："你看我像是寻过死的人吗？"中年人自个儿说了下去："我原来是个白领，后来弃职做生意，不知是运气不好还是不谙商海的水性，几桩生意都砸了，欠了一屁股的债，债主天天上门讨债，100万美元啊，这在那时可是一笔好大的数字，这辈子怎能还得起。我便想到了死，我选择了深山里的悬崖。我正要走出那一步的时候，耳边突然传来苍老的歌声，我转过身子，远远看见一个采药的老者，他注视着我，我想他是以这种善意的方式打断我轻生的念头。我在边上找了片草地坐着，直到老者离去后，我再走到悬崖边，只见下面是一片黝黑的林涛，这时我倒有点后怕，退后两步，抬头看着天空，希望的亮光在我大脑里一闪，我重新选择了生。回到城市后，我从推销员做起，一步步走到了现在。"

其实，在我们每个人的一生中，随时都会和他们两位一样碰上湍流与险境，如果我们低下头来，看到的只会是险恶与绝望，在眩晕之中失去了生命的斗志，使自己坠入地狱里。而我们若能抬起头，看到的则是一片辽远的天空，那是一个充满了希望并让我们飞翔的天地，我们便有信心用双手去构筑出一个属于自己的天堂。

不害怕，人生才会精彩绝伦

怯懦者安于平凡，不敢跨越雷池一步，因此永远无法享受精彩的生活。克服生命中的恐惧，勇敢地活出自己吧。

《不带钱去旅行》的作者麦克·英泰尔是一个犹太人，他原本只是个平凡的上班族，就在37岁那一年，他做了一项疯狂的决定。他放弃了收入丰厚的记者工作，并将身上仅有的3美元捐给街角的流浪汉后，只带了干净的内衣裤，从阳光明媚的加州出发，以搭便车的方式走遍了整个美国。

然而，这个决定，竟是他在精神快崩溃时所做的仓促决定，而这趟旅程的目的地，则是美国东岸北卡罗来纳州的恐怖角。

一切缘起于某个午后，他莫名地哭了起来，因为他问了自己一个问题："如果有人通知我，今天就要死了，我会不会后悔？"

　　停顿了一会儿，英泰尔肯定地说："会！"

　　面对一直以来平顺的日子，他发现，生活中从来没有激起过丁点火花，甚至连一场小赌注都玩不起。

　　继续回想这30多年的时光，他又发现，因为个性懦弱，即使有机会做自己想做的事，却因为"害怕"两个字，而一再退缩。

　　不断地回想、反省，他懊恼地对自己说："什么都怕，活着能干什么？什么都听别人的，活着有什么意义？"

　　当他强烈质疑着自己的存在价值时，忽然鼓起勇气下定决心："我一定要突破这一切！"

　　一个什么事都担心、害怕的人，要独自来到传说中的恐怖角，确实需要很大的勇气与决心，特别是当亲友们还语带恐吓与嘲讽地说："你确定自己行吗？这一路你恐怕会遇到各种麻烦，你一定很快就会退缩。"

　　"不会的！"英泰尔对亲友们说，也向自己保证。

　　凭着一个冲动的决心和一份坚强的毅力，从来没有独立完成过一件事的英泰尔，真的成功了，他仰赖了82位从小到大最害怕面对的陌生人，完成了4000多英里的路程，终于抵达了目的地。

　　一毛钱也没有花的英泰尔，在成功抵达目的地时，立即对着那些等待他的人们说："我不是要证明金钱无用，这项挑战最重要的意义是，我终于克服了心里的恐惧！"

　　望着"恐怖角"的路标，英泰尔若有所悟地说："原来恐怖角一点也不恐怖，这就像我的恐惧一样，现在我终于明白了，过去实在太胆小怕事了。"

　　我们都希望梦想能够实现，更希望能拥有精彩的人生，然而，当我们准备迈出步伐时，难免会像英泰尔一般，犹豫半天，"万一失败了怎么办？万一出现问题，要怎么解决？"

步伐都还没有迈出去，心中就开始想象跌倒的姿势，当然只能在原地踏步，然后一再地懊恼机会的错失。

别再给自己那么多的恐吓，唯有亲自体验，你才会明白英泰尔的体会，"原来，一切不是我想象中的那样困难。"

德国犹太诗人海涅曾经写道："命运并非是一种选择，我们不应该期待命运的安排，必须凭自己的努力创造命运。"世上无难事，只怕有心人，只要有心，勇于突破，就没有难得倒自己的事。同时，也不要害怕未来的不可预测，生活中最大的乐趣不在于预知，而在于一再地挑战未知。

勇敢做自己，因为你就是你

每个人都是第一个"前无古人，后无来者"的自己，没有必要去做第二个别人。做别人的复制品，你只能永远生活在别人的阴影中。

多年前，有位受人尊敬的犹太拉比名叫苏西亚，他是个闻名世界的学者、老师和医生。弥留之际，他的学生聚集在他的床前，不久，拉比掉下眼泪。

拉比的学生不禁问他："老师，您为什么哭泣？"

拉比回答他说："如果上了天堂以后，天使问我：'为什么你不能像摩西一样？'我一定会肯定的回答他说：'因为我本来就不是摩西。'"

如果天使再问我："可是你也没有像艾利西（希伯来的大预言家）一样的丰功伟绩。"

那我也可以肯定的回答："因为我来到世上的任务和艾利西不同。"

可是，有一个问题，恐怕我会答不出来。我怕他问："你为什么不能像拉比苏西亚？"

拉比苏西亚过世后的 200 年，一个小女孩珍妮佛·卡碧雅提在她的人生过程中崭露头角。她以 12 岁的小小年纪，多次向世界网球冠军赛叩关。她在尚未踏入青少年期时，就已经跃升为第一级选手，并向许多实力强大的成人明星球员挑战，且获胜利。

当有人问她是不是希望当第二个克莉丝·艾芙特时，珍妮佛回答说："不，我要当第一个珍妮佛·卡碧雅提。"这种当仁不让的自信心，和她在球场上的表现是一致的，因为她知道，成功的唯一途径，就是展现自我，而不是模仿别人。

芸芸众生都在追寻自我。有时候在愉悦的自我发现过程中，珍贵的自我即可显现，有时候却是经过煎熬和挣扎，才能求得自我。然而不论我们走的是哪一条路，我们都要和处于云端的自我意识，一起分享这段艰辛的旅程。家长一定要让孩子从小明白：每个人都带着独特的目的来到世上，希望每个人都能拿出勇气，发掘美丽的自我。

勇于尝试

当孩子认为自己"不行"、"办不到"时，要鼓励孩子勇于尝试，或许你会由此发现孩子真正的天赋所在。

犹太人经常强调这一点：父母是孩子最早的老师，父母的言传身教对孩子的影响非常大。父母应当鼓励孩子勇于尝试，让孩子不断提升自我。

拉比还经常给孩子们讲这个故事：

18 世纪下半叶，本杰明·韦斯特在英国画坛被称为艺术奇才"横空出世"。这位英国皇家学院的院长，一生的作品除少数宗教、神话题材以外，绝大多数是描绘英国在殖民北美洲时期的一些历史题材。他被英王乔治三世奉为上宾，雷诺兹爵士称他为最值得尊敬的怪物。

本杰明·韦斯特 1738 年 10 月出生于美国，不到 20 岁就已经是纽约市颇有名气的肖像画家了。关于自己的成功，他宣称是母亲的一个吻才使他有了今天的成就。

本杰明·韦斯特的母亲年轻时叫萨拉·皮尔森，是一个贵格会信徒的女儿，她嫁给了一个贵格会信徒韦斯特之后就一直定居在宾夕法尼亚州的印第安人居住地。他们共有 10 个孩子，本杰明·韦斯特是 10 个孩子中的老幺。韦斯特的家庭很清贫，10 个孩子的大家庭的重担几乎都压在了萨拉一个人的身上。

1745 年，本杰明·韦斯特 7 岁。这年夏天的一天，母亲让本杰明去照看亲戚家的一个婴儿。让他用扇子赶走婴儿脸上的苍蝇。那天中午，在本杰明的细心呵护下，婴儿慢慢地进入了梦乡。

小本杰明·韦斯特被熟睡着的婴儿的异常美丽吸引住了。他用手在扇子上比划着，好像要画下婴儿美丽的脸庞。这一切被母亲萨拉捕捉到了。"你想画下宝宝的脸吗？"萨拉微笑着问本杰明。"我不会画，我画不出。"本杰明说。"可是你不画怎么知道你画不出呢？"萨拉指着桌子上的一红一蓝两瓶墨水说，"你试试。"母亲说完便走了。

本杰明拿出一张纸，打开墨水瓶，画了起来。过了好一会儿，画是画好了，可是在他的脸上、衣服上都沾了很多的墨水，桌子上也是一片狼藉。他担心母亲看到这个脏乱的局面的话他可能会挨骂。哪知母亲走来后，用她特有的慈爱目光看了一眼那张画，声音颤抖着惊叫起来："哦，天哪，这简直就是小萨莉的照片啊！"然后她搂着本杰明的脖子，亲吻了他一下，并且说，"总有一天你会成为一个伟大的艺术家。"

孩子的成长过程也是认知的过程，大人的经验固然对孩子的成长有很大的帮助，但孩子的亲身体会要比大人的"教诲"深刻得多，即使孩子在亲身体会的过程中犯错误，我们也要允许他们犯错误，因为他们有能力去犯错误，也同样有能力改正自己的错误，在犯错误中得到正确的答案，那是最珍贵的。

一封感谢信

生活中要学会感谢那些批评你、打击你的人，因为正是他们指正你的错误，让你变得更加坚强。

乔治·罗纳是西欧犹太人后裔，他曾在维也纳当过多年律师，第二次世界大战期间，他逃到瑞典，变得一文不名，急切地需要找到一份工作。他能说能写几国的语言，希望能在一些进出口公司找到一份秘书的工作。但是，绝大多数公司都委婉地回信告诉他，因为正在打仗，他们不需要这类人才，不过他们会把他的名字存在档案里……

在这些回复中，有一封信这样写道："你完全没有了解我们的生意。你又蠢又笨，我根本不需要什么替我写信的秘书。即使需要，也不会请你这样一个连瑞典文也写不好，信里全是错字的人当我的秘书。"

乔治·罗纳看到这封信时，气得发疯。于是乔治·罗纳也写了一封信，想气气那个人。但他冷静下来对自己说："等等！我怎么知道这个人说得不对呢？瑞典文毕竟不是自己的母语。如果真是如此，想要得到一份工作，就必须不断努力学习才行。他用难听的话来表达他的意见，并不意味着我没有错误。因此，我应该写封信谢谢他才对。"

于是，他重新写了一封感谢信，信中写道："你写信给我，我实在是感激不尽，尤其是在你并不需要秘书的情况下。我对自己将贵公司的业务弄错一事表示非常抱歉。之所以给你回信，是因为听他人介绍，说你是这个行业的领导人物。我的信上有很多文法上的错误，而自己却无法自知，我倍感惭愧，而且十分难过。现在，我计划加倍努力去学瑞典文，改正自己的错误，谢谢你帮助我不断地进步。"

不久，乔治·罗纳就收到那个人的回信，并且给了他一份工作。通过这件事，乔治·罗纳发现了宽容的妙处。

犹太人教给孩子重要的美德之一，就是宽容，因为他们明白宽容别人也就是善待自己！让我们学着用一颗包容的心去对待身边的人和事，不知不觉中，我们会发现，自己的生活已经变得越来越美好了。

法则 7

信念：

相信是万能的开始

别让任何人偷走你的梦

对孩子的梦想要支持，而不可用冷嘲热讽将之摧毁。鼓励孩子坚持自己的梦想，不因他人而轻易改变。

美国某个小学的作文课上，老师给小朋友的作文题目是"我的志愿"。

一位犹太小朋友非常喜欢这个题目，在他的簿子上，飞快地写下他的梦想。他希望将来自己能拥有一座占地十余公顷的庄园，在壮阔的土地上植满如茵的绿草。庄园中有无数的小木屋、烤肉区及一座休闲旅馆。除了自己住在那儿外，还可以和前来参观的游客分享自己的庄园，有住处供他们歇息。

写好的作文经老师过目，这位小朋友的簿子上被画了一个大大的红"×"，发回到他手上，老师要求他重写。小朋友仔细看了看自己所写的内容，并无错误，便拿着作文簿去请教老师。

老师告诉他："我要你们写下自己的志愿，而不是这些如梦呓般的空想，我要实际的志愿，而不是虚无的幻想，你知道吗？"

小朋友据理力争："可是，老师，这真的是我的梦想啊！"

老师也坚持："不，那不可能实现，那只是一堆空想，我要你重写。"

小朋友不肯妥协："我很清楚，这才是我真正想要的，我不愿意改掉我梦想的内容。"

老师摇头："如果你不重写，我就不让你及格了，你要想清楚。"

小朋友也跟着摇头，不愿重写，而那篇作文也就得到了大大的一个"E"。

事隔30年之后，这位老师带着一群小学生到一处风景优美的度假胜地旅行，在尽情享受无边的绿草，舒适的住宿及香味四溢的烤肉之余，他望见一名中年人向他走来，并自称曾是他的学生。这位中年人告诉他的老师，他正是当年那个作文不及格的犹太学生，如今，他拥有这片广阔的度假庄园，真的实现了儿时的梦想。

老师望着这位庄园的主人，想到自己30余年来，不敢梦想的教师生涯，不禁感叹地说："30年来我为了我自己，不知道用成绩改掉了多少学生的梦想。而你，是唯一保留自己的梦想没有被我改掉的。"

《塔木德》中说：不要让任何人偷走你的梦想，因为只有你才对自己的梦想享有发言权。你认为它值得追随，值得实现，它便具有了那份意义。并且，不要让现实篡改了你的梦想，不要因为困难轻易放弃。经过努力而没有实现梦想的人并不失败。因为他心底的坚持使他更值得尊敬。

成功并不像你想象的那么难

并不是因为事情难我们不敢做，而是因为我们不敢做事情才难的。

1965年，一位犹太学生到剑桥大学主修心理学。在喝下午茶的时候，他常到学校的咖啡厅或茶座听一些成功人士聊天。这些成功人士包括诺贝尔奖获得者，某一些领域的学术权威和一些创造了经济神话的人，这些人幽默风趣，举重若轻，把自己的成功都看得非常自然和顺理成章。

时间长了，这位犹太学生发现，在国内时，他被一些成功人士欺骗了。那些人为了让正在创业的人知难而退，普遍把自己的创业艰辛夸大了，也就是说，他们在用自己的成功经历吓唬那些还没有取得成功的人。

作为心理系的学生，他认为很有必要对犹太成功人士的心态加以研究。1970年，他把《成功并不像你想象的那么难》作为毕业论文，提交给现代经济心理学的创始人威尔·布雷登教授。布雷登教授读后，大为惊喜，他认为这是个新发现，这种现象虽然在东方甚至在世界各地普遍存在，但此前还没有一个人大胆地提出来并加以研究。

惊喜之余，布雷登教授在给以色列首脑的信中说："我不敢说这部著作对你有多大的帮助，但我敢肯定它比你的任何一个政令都能产生震动。"

后来这本书果然伴随着以色列的经济起飞了。这本书鼓舞了许多人，因为他们从一个新的角度告诉人们，成功与"劳其筋骨，饿其体肤"、"三更灯火五更鸡"、"头悬梁，锥刺股"没有必然的联系。只要你对某一事业感兴趣，长久地坚持下去就会成功，因为上帝赋予你的时间和智慧够你圆满做完一件事情。

人世中的许多事，只要想做，都能做到，该克服的困难，也都能克服，用不着什么钢铁般的意志，更用不着什么技巧或谋略。告诉你的孩子：只要一个人还在朴实而饶有兴趣地生活着，他终究会发现，造物主对世事的安排，都是水到渠成的。

成功的捷径

成功其实没有所谓捷径可循，唯一的办法是脚踏实地的努力奋斗，聚沙成塔，集腋成裘。

大卫统治时期，有个叫奈哈松的犹太人，一心想成为一个富翁。他觉得成为富翁的捷径便是学会炼金之术。

此后他把全部的时间、金钱和精力，都用在了炼金术的实验中了。不久以后他花光了自己的全部积蓄，家中变得一贫如洗，连饭都没得吃了。妻子无奈，跑到父亲那里诉苦。她父亲决定帮女婿改掉恶习。

他让奈哈松前来相见并对他说："我已经掌握了炼金之术，只是现在还缺少一样炼金的东西……"

"快告诉我还缺少什么？"奈哈松急切问道。

"那好吧，我可以让你知道这个秘密。我需要 3 公斤香蕉叶的白色绒毛。这些绒毛必须是你自己种的香蕉树上的。等到收齐绒毛后，我便告诉你炼金的方法。"

奈哈松回家后立刻将已荒废多年的田地种上了香蕉。为了尽快凑齐绒毛，他除了种以前就有的自家的田地外，还开垦了大量的荒地。当香蕉长熟后，他便小心地从每张香蕉叶下收刮白绒毛。而他的妻子和儿女则抬着一串串香蕉到市场上去卖。就这样，10 年过去了。奈哈松终于收集够了 3 公斤绒毛。

这天，他一脸兴奋地拿着绒毛来到岳父的家里，向岳父讨要炼金之术。

岳父指着院中的一间房子说："现在你把那边的房门打开看看。"

奈哈松打开了那扇门，立即看到满屋金光，竟全是黄金，她的妻子儿女都站在屋中。妻子告诉他这些金子都是他这 10 年里所种的香蕉换来的。面对着满屋实实在在的黄金，奈哈松恍然大悟。

如果把捷径理解为一蹴而就的话，成功是没有捷径可以走的；如果把捷径理解为到达成功最短的距离的话，成功的捷径就是我们脚踏实地的奋斗，扎扎实实的努力！

你就是自己的上帝

每个人身内都埋藏着无限的潜能，只要充满自信，充分发挥潜能，你就没有做不到的事情。

有个贫穷的犹太工人在帮农场主人工作，搬运东西时，不小心打破了一个花瓶。农场主人看见后，要求他一定要赔偿，但是三餐都成问题的工人，哪里赔得起这么昂贵的花瓶？

苦恼的工人只好到教堂，向神父请教解决的办法。

神父听完工人的问题，他说："听说有一种能将碎花瓶粘好的技术，不如你去学习这种技术，只要能将这个花瓶修补、复原，事情不就解决了？"

工人听完后却摇了摇头，说："哪有这么神奇的技术？要把这个碎花瓶粘得完好如初，根本是不可能的事。"

神父指引他说："这样吧！教堂后面有一个石壁，上帝就待在那里，只要你对着石壁大声讲话，上帝便会答应你的要求，去吧！"

于是，工人来到壁前，大声对着石壁说："上帝，请您帮帮我，只要您愿意帮助我，我相信，我一定能将花瓶粘好！"

工人的话一说完，上帝便立即回应他："一定能将花瓶粘好！"

工人真的听见了上帝的承诺，于是，他充满自信地向神父辞别，朝着"复原花瓶"的高超技术迈进。

一年以后，经过认真学习与不懈努力，他终于学会了粘贴碎花瓶的技术。结果他将农场主人的花瓶复原得天衣无缝，令人赞叹！

这天，他将花瓶送还给农场主人后，再次来到教堂，准备向上帝道谢，谢谢他给予的帮助与祝福。

神父将他再次带到教堂后面的石壁前，并笑着对诚恳的工人说："其实，你不必感谢上帝。"

工人不解地看着神父："为什么不必感谢？要不是上帝，我根本无法学会修补花瓶的技术啊！"

神父笑着说："其实，你真正要感谢的人，是你自己啊！因为，这里根本就没有上帝，这块石壁具有回音的功能，当时你听到的'上帝的声音'，其实就是你自己的声音啊！而你，就是你自己的上帝。人要勇敢地做自己的上帝，因为真正能主宰自己命运的人，不是别人而是我们自己。当你相信自己能够改变命运时，步伐便会慢慢地移动，一步步地实现心中的愿望。你的潜能就在你的身上，你的未来也掌握在你的手中，一切都等待着你开始行动，实现每一项'不可能的任务'。"

犹太小说家菲茨杰拉德曾经写过一段值得我们深思的感叹："在

我们 18 岁的时候，信念是我们站在上面眺望的山头，但是到了 45 岁，我们的信念就成了藏身的山洞。"你还在等待别人的帮助吗？或者期望上帝赋予的"神奇力量"？别再等待了，因为只有你，才能将身上的潜能发挥出来，也只有你，才能主宰自己的命运。

上帝不会辜负信念

苦心人，天不负，卧薪尝胆，三千越甲可吞吴；有志者，事竟成，破釜沉舟，百二秦关终属楚。

犹太人非常欣赏哥伦布，其原因就在于哥伦布突出体现了犹太人执着追求的坚定信念。

15 世纪中叶的一个夏天，航海家哥伦布从海地岛海域向西班牙胜利返航。

经历了惊涛骇浪的船员都在甲板上默默祈祷：上帝呀，请让这和煦的阳光一直陪伴我们返回到西班牙吧。

但船队刚离开海地岛不久，天气就骤然变得十分恶劣了。天空布满乌云，远方电闪雷鸣，巨大的风暴从远方的海上向船队扑来。这是哥伦布航海史上遭遇的最大一次风暴，有几艘船已经被排浪打翻了，只一闪，便沉入了大海的深渊。船长悲壮地告诉哥伦布说："我们将永远不能踏上陆地了。"

哥伦布知道，或许就要船毁人亡了，他叹口气对船长说："我们可以消失，但资料却一定要留给人类。"哥伦布钻进船舱，在疯狂颠簸的船舱里，迅速地把最为珍贵的资料缩写在几面纸上，卷好，塞进一个玻璃瓶里并加以密封后，将玻璃瓶抛进了波涛汹涌的茫茫大海。

"有一天，这些资料一定会漂到西班牙的海滩上！"哥伦布自信而肯定地说。

"绝不可能！"船长说，"它可能会葬身鱼腹，也可能被海浪击碎，或许会深埋海底。"

哥伦布自信地说："或许一年两年，也许几个世纪，但它一定会漂到西班牙去，这是我的信念。上帝可以辜负生命，却绝不会辜负生命坚持的信念。"

幸运的是，哥伦布和他的大部分船只在这次空前的海上风暴里死里逃生。回到西班牙后，哥伦布和船长都不停地派人在海滩上寻找那个漂流瓶，但可惜直到哥伦布离开这个世界时，漂流瓶也没有找到。

1856年，大海终于把那个漂流瓶冲到了西班牙的比斯开湾，而这个时候，距哥伦布遭遇的那场海上风暴，已经整整过去了3个多世纪。

不要对我们的信念产生怀疑，虽然有时候信念确实遥不可及，但是它至少给了我们前行方向。正因为这样，在坚持自己的信念中，我们才会找到达到信念中目标的力量并终究一步一步接近它。对自己信念的深信不疑，是能创造奇迹的，正如哥伦布所说的："上帝可以辜负生命，却绝不会辜负生命坚持的信念。"

向生活索取一个梦想

不要因为贫穷就抑制自己正常合理的欲望，大胆地向生活要求自己的所需，并为之努力地付出，你的境遇将不断得到改变。

故事传到中国，人们已经忘记了她那冗长拗口的美国犹太人名字，都亲切地叫她阿济。阿济退休前，是美国的财政部长。

当阿济还是一个小姑娘的时候，脑海里就一直有一个问题萦绕不去：为什么别的孩子都跟爸爸妈妈生活在一起，而自己只能跟妈妈一起生活呢？她一遍又一遍地想，但总是不明白。她问她的妈妈，一次又一次地，但妈妈总是不回答她。她妈妈是个聋子，压根听不见她的话。

阿济入学了。她用最先学到的几个单词拼写了一句稚嫩的话，并把她写在纸上给妈妈看：我的爸爸在哪里？

妈妈接过阿济手中的笔，写道：你没有爸爸。

阿济接着问：为什么？

妈妈略顿了一顿，写下这样一句话：因为你是个特别的孩子。

阿济很高兴。她要为自己的"特别"格外努力。她认为自己了不起。

但当她真正地懂事后，她才知道，她得为这个"特别"付出多大的代价！

首先是周边同学的压力，大家都说她来自于一个不健全的家庭。这还不算什么，更难忍受的是贫困。别的孩子有的，她都没有。她于是盼着过圣诞节，因为她相信，那天会有圣诞老人送给她她想要的礼品。可是真正到了圣诞节，她还是失望，她收到的礼品总是比别的孩子的少。她虽然委屈，但还是忍住了，她在一张纸上写给自己一句话：不流泪。

她觉得，作为一个"特别"的孩子，能跟其他孩子一起读书已经应该知足了。

不断抑制自己的欲望并没有给她带来好运，相反，她失学了。失学让她明白：她除了有一个聋子妈妈外，什么也没有。

她暗暗告诫自己：这已经是底线了。她必须开始学会向生活"索取"。

最容易索取的是什么呢？阿济开始想这个问题。这时候，她的"特别"帮助了她。因为她得到的答案不是金钱，不是圣诞礼物，甚至不是一次重新回到学校的机会，而是梦想。在阿济眼里，向生活索取一个梦想是她首先要干的。

搞定了这个，她想她还需要赚点钱。她得到的第一份工作是在一家农场的棉花田做事。她坚持了下来。在最困顿的日子里，不幸甚至有些残酷的生活拿走了她几乎所有的东西，但她死死地拽住了梦想,直至当上财政部长也没有松手。

犹太人认为:"如果情况不尽如人意,我们总可以想办法加以改变。改变情况的办法有多种,但最可靠的一种就是:你首先回答'我希望变成什么样'这个问题,然后努力,再努力。""我希望变成什么样",其实就是向生活索取一个梦想。

法则 8

智慧：

开启成功大门的钥匙

"1 + 1>2"

成功离不开超常的智慧，当别人只看到 1 加 1 等于 2 时，你应该敏锐地发现其实存在着使 1 加 1 大于 2 的办法。

多年以前，在奥斯维辛集中营里，一个犹太人对他的儿子说："现在，我们唯一的财富就是智慧了。当别人说 1 加 1 等于 2 的时候，你应该想到它也可以大于 2。"

纳粹在奥斯维辛集中营毒死了几十万人，这对父子却凭着智慧奇迹般地活了下来。1946 年，他们来到美国，在休斯敦做铜器生意。某日，父亲问儿子一磅铜的价值是多少，儿子回答说 35 美分。父亲却说："对，这里的人都知道每磅铜的价格是 35 美分，但作为犹太人的儿子，你应该说 3.5 美元。不信，你就试着把铜做成门把手看看。"

20 年后，父亲死了，儿子独自经营那家铜器店。他始终牢记着父亲的话，做过铜鼓，做过瑞士钟表上的弹簧片，做过奥运会的奖牌。他甚至把一磅铜卖到了 3500 美元，这时他已经是麦考尔公司的董事长了。然而，真正让他扬名的却是纽约州的一堆垃圾。

1974 年，美国政府为清理给自由女神像翻新扔下的一大堆废料，向社会广泛招标，但几个月过去了却没人应标。当时正在法国旅行的他听到这个消息后，立即终止休假，飞往纽约。在看过自由女神像下堆积如山的铜块、铅丝和木料后，他毫不迟疑，当即与政府部门签下了协议。

纽约的许多运输公司对他的这一举动都暗自发笑，因为在纽约州，垃圾的处理有严格规定，弄不好就会受到环保组织的起诉。他的许多同僚也认为废料回收吃力不讨好，能回收的资源价值十分有限，都觉得他此举实在愚蠢至极。就在很多人都等着要看这个犹太人的笑话时，他已经开始组织工人对废料进行分类加工了。他让人把废铜熔化，然后做成一些小的自由女神像，把废铅、废铝做成纽约广场的钥匙，他甚至把从自由女神身上扫下的灰尘也包装起来，出售给那些花店。结果，自然就可想而知了：在不到3个月时间里，他就让那堆废料变成了350万美元，每磅铜的价格竟然翻了10000倍。

生活中没有一成不变的等式。当你在抱怨生活时，也许别人正在享受成功的喜悦，其中的奥妙就在于：你只知道1加1等于2，而别人却明白1加1可以大于2的道理。没错，不单是犹太人，世上大多数人都知道任何东西都有价的，都能失而复得，只有智慧才是人生无价的财富。智慧可以提升，可以创造，可以化无为有，化不利为有利，可以最大限度地改变一个人甚至千千万万人的命运，可以这样说，正是智慧，引导我们一步步走向自由。

吃亏即是占便宜

有些事情，从常规的角度看，似乎是吃了大亏，但从另一个角度看，却是占了天大的便宜。这就是智慧。

一个犹太人走进纽约的一家银行，来到贷款部，大模大样地坐了下来。

"请问先生，我可以为你做点什么？"贷款部经理一边问，一边打量着这个西装革履满身名牌的来者。

"我想借些钱。"

"好啊，你要借多少？"

"1美元。"

"只需要1美元？"

"不错，只借1美元，不可以吗！"

"噢，当然，不过只要你有足够的保险，再多点也无妨。"经理耸了耸肩，漫不经心地说。

"好吧，这些做担保可以吗？"犹太人接着从豪华的皮包里取出一堆股票、国债等，放在经理的写字台上。

"总共 50 万美元，够了吧？"

"当然，当然！不过，你真的只要借 1 美元吗？"经理疑惑地看着眼前的怪人。

"是的。"说着，犹太人接过了 1 美元。

"年息为 6%，只要您付出 6%的利息，一年后归还，我们就可以把这些股票退还给您。"

"谢谢。"

犹太人说完准备离开银行。一直站在旁边冷眼观看的分行长，怎么也弄不明白，拥有 50 万美元的人，怎么会来银行借 1 美元，于是他慌慌张张地追上前去，对犹太人说：

"啊，这位先生……"

"有什么事吗？"

"我实在弄不清楚，你拥有 50 万美元，为什么只借 1 美元呢？你不以为这样做你很吃亏吗？要是你想借 30、40 万美元的话，我们也会很乐意……"

"请不必为我操心。在我来贵行之前，问过了几家金库，他们保险箱的租金都很昂贵。所以嘛，我就准备在贵行寄存这些东西，一年只需要花 6 美分，租金简直是太便宜了。"

看到这个题目的时候我是迷惑的，吃亏与占便宜怎么可能是一回事，看了这个故事后我就豁然开朗了。打破自己的思维定式，换个角度去想问题，往往会有意想不到的收获。家长从小培养孩子智力时，最重要的莫过于让他多角度思考问题。

财富与智慧

有财富而无智慧，财富是不能永久的，而有了智慧就不愁没有财富，因为智慧是财富的源泉。

在犹太人心中，学者是人们尊敬的中心。把学者置于一切人甚至国王之上，就可以看出犹太民族是多么注重智慧。这一点是犹太民族可引以自豪的传统，因为其他民族都把贵族、王侯、军人或商人的地位放在学者之上。

犹太儿童间流传着这样一则寓言：

在远古有一种精灵，他们干着仆役的事情，做家务，打扫房屋，有时还兼管花园。其中有一个精灵，给一个小康之家管理花园。他干活不声不响，相当熟练，热爱主人，还特别热爱那个花园。他工作非常卖力，主人对他也很满意。尽管他和他的同伴一样，生性非常轻盈，可以随时去各种地方，但为了更好地表明他是个忠实的仆役，他始终住在这家主人那里。但可怕的是，他的同行——其他精灵对他百般诽谤，以至于精灵的头目很快下令，把他调到北极去照料一所终年被雪覆盖的房屋。

动身前，精灵对他的主人说："我不知道自己犯了什么错误，别人逼着我离开你们。在这里，我只能再待很短的一段时间，可能是一个月，也可能是一个星期。请你们抓紧时机说出三个愿望，我帮你们实现这三个愿望，但是只能三个，不能再多。"

主人和夫人合计了一下，第一个愿望就是要求财富。果然，立即便有大堆大堆的金钱装满了他们的钱柜和大大小小的箱子，仓库里全是小麦，地窖里全是酒，一切都装得满满的。但究竟怎样来管理这些财物呢？该设立多少账本，耗费多少时间和心血？两人都感到十分为难，贼人要来算计他们，王公大人要来借贷，国王要来征税，这对可怜的夫妇因为太过富有而感到痛苦。

"快来帮我们摆脱这些因钱财而引起的麻烦吧！"他们两人请求说，"穷人是多么幸福，她们无忧无虑！贫困远远胜过财富。财富，快走开！而贫穷女神，快回来吧！"说完这些话，所有的一切都消失了，他们又和原来一样了。他们重新获得了安宁和平静。精灵因他们的觉悟而和他们同声大笑。

最后他们请求精灵赐给他们智慧。他们明白，这才是一种从不引起麻烦的财富。

犹太人蔑视一般的学习，他们告诉孩子一般的学习只是一味模仿，而不是任何的创新。实际上，学习应该是思考的基础。正因为如此，《犹太法典》上说："学识及能力，都像是价值最昂贵的怀表。"

动脑的结果

事在人为，积极的人只为成功想办法，不为失败找借口。

佛瑞迪只有16岁。在暑假即将来临的时候，他对父亲说："爸爸，我不要整个夏天都向你伸手要钱，我要找个工作。"

父亲从震惊中恢复过来之后，对佛瑞迪说："好啊，佛瑞迪，我会想办法给你找工作，但是恐怕不容易。现在正是人浮于事的时候。"

"你没有弄清我的意思，我并不是要您给我找个工作。我要自己来找。还有，请不要那么消极。虽然现在人浮于事，我还是可以找到工作，毕竟有些人总是可以找到工作的。"

"哪些人？"父亲带着怀疑问。

"那些会动脑筋的人。"儿子回答说。

佛瑞迪在"事求人"广告栏上仔细寻找，找到了一个很适合他专长的工作，广告上说找工作的人要在第二天早上8点钟到达42街的一个地方。佛瑞迪并没有等到8点钟，而在7点45分钟就到了那儿。可他看到已有20个男孩排在那里，他只是队伍中的第21名。

怎样才能引起特别注意而竞争成功呢？这是他的问题，他应该怎样处理这个问题呢？根据佛瑞迪所说，只有一件事可做——动脑筋思考。因此他进入了那最令人痛苦也是令人快乐的程序——思考。在真正思考的时候，总是会想出办法的，佛瑞迪想出了一个办法。他拿出一张纸，在上面写了一些东西，然后折得整整齐齐，走向秘书小姐，恭敬地对她说："小姐，请你马上把这张纸条转交给你的老板，这非常重要。"

她是一名老手，如果他是个普通的男孩，她就可能会说："算了吧，小伙子。你回到队伍的第21个位子上等吧。"但是他不是普通的男孩，她直觉感到，他散发出一种自信的气质。她把纸条收下。

"好啊！"她说，"让我来看看这张纸条。"她看了不禁微笑了起来。她立刻站起来，走进老板的办公室，把纸条放在老板的桌上。老板看了也大声笑了起来，因为纸条上写着：

"先生，我排在队伍中第21位，在你没有看到我之前，请不要作决定。"

那么他是不是得到了工作？他当然得到了工作，因为他很早就学会了动脑筋。一个会动脑筋思考的人总能掌握住问题，也能够解决它。

在激烈的竞争中，如何使自己脱颖而出，又如何体现自己与他人的不同，你不能只是傻傻地等着，等着别人来证明你或是等着时间来证明你。你需要的是自己积极主动的行动，而这个时候开动你的脑筋吧，它会告诉你最好的方法！

没有标准答案

任何问题都不只一种解决方案，也没有所谓必须如此的标准答案，要敢于打破权威，独辟蹊径，创造性地解决问题。

很久以前，以色列国立大学教授卡兰得拉接到他同事的一个电话，他问卡兰得拉是否愿意为一个试题的评分做鉴定人。因为同事想给他的一个学生答的一道物理题打零分，而他的学生则声称应该得满分。这位学生认为这种测验制度不对，他一定要争取满分。因此老师和学生同意将这件事委托给一个公平无私的仲裁人，而卡兰得拉被选中了……

卡兰得拉到他同事的办公室，并阅读了这个试题。试题是："试证明怎么能够用一个气压计测定一栋高楼的高度。"

　　学生的答案是："把气压计拿到高楼顶部，用一根长绳子系住气压计，然后把气压计从楼顶向楼下坠，直到坠到地面为止；然后把气压计拉上楼顶，测量绳子放下的长度。这长度即为楼的高度。"

　　这是一个有趣的答案，但是这学生应该获得称赞吗？卡兰得拉指出，这位学生应该得到高度评价，因为他的答案完全正确。同时，如果高度评价这个学生，就应该给他物理课程的考试打高分；而高分就证明这个学生知道一些物理学知识，但他的回答又不能证明这一点⋯⋯

　　卡兰得拉让这个学生用 6 分钟回答同一个问题，但必须在回答中表现出他懂得一些物理学知识⋯⋯在最后一分钟里，学生赶忙写出他的答案。答案是：把气压计拿到楼顶，让它斜靠在屋顶的边缘处。让气压计从屋顶落下，用秒表记下它落下的时间，根据落下的距离等于重力加速度乘下落时间的平方的一半，算出建筑物的高度。

　　看了这答案之后，卡兰得拉问他的同事是否让步。同事让步了，于是卡兰得拉给了这个学生几乎是最高的评价。正当卡兰得拉要离开他同事的办公室时，突然记得那位同学说他还有另外一个答案。于是卡兰得拉问是什么样的答案。学生回答说："啊，利用气压计测出一个建筑的高度有许多办法。例如，你可以在有太阳的日子在楼顶记下气压表的高度和它影子的长度，又测出建筑物影子的长度，就可以利用简单的比例关系，算出建筑物的高度。"

　　"很好，"卡兰得拉说，"还有什么答案？"

　　"有呀，"那个学生说，"还有一个你会喜欢的最基本的测量方法。你拿着气压表，从一楼登梯而上，当你登楼时，用符号标出气压表上的水银高度，这样你可以用气压表的单位得到这栋楼的高度。这个方法最直截了当。

　　"当然，如果你还想得到更精确的答案，你可以用一根弦的一端系住气压表，把它像一个摆那样摆动，然后测出街面和楼顶的 g 值（重力加速度）。从两个 g 值之差，在原则上就可以算出楼顶高度。"

最后他又说："如果不限制我用物理学方法回答这个问题，还有许多其他方法。例如，你拿上气压表走到楼房底层，敲管理人员的门。当管理人员应声时，你对他说下面一句话'亲爱的管理员先生，我有一个很漂亮的气压表。如果你告诉我这栋楼的高度，我将把这个气压表送给您……'"

《塔木德》上说：问题的解决方法往往不只有一种，没有必要把自己的思维固定在某一点上。开放性的思维远比一些所谓的标准答案更值得我们的赞赏！因为你会发现，你原来并不需要待在狭小屋里，只要推开那扇门，你会发现，你的面前本有一片广袤的天地。

智慧的力量

智慧是世界上最强大的力量，学习知识必须转化为智慧才有意义。

世界著名的军事家拿破仑曾说过："在部队里面，勇敢的将军固然重要，但是善于动脑筋思考的将军更重要，一个士兵，更需要有一个智慧的将军。"其实，在生活的各个方面都是如此。

世界著名的"酒店大王"——希尔顿，觉得自己人生得到的最大一次启示，来自他 12 岁时的一段经历。当时在美国西部人人带枪，但他爸爸从来不带，他说："带枪的人必须依靠拔枪的速度，不带枪的人，需要的则是智慧，我相信智慧的力量会远远大过武器的力量。"

希尔顿很快领教了父亲这句话的含义：一天，他发现爸爸在一个酒馆里面，被一个醉汉用枪逼着，若没有回答出醉汉的任何一个问题，就会立即被枪打死。面对这生死存亡的一瞬间，他却吃惊地发现爸爸很平静，用一种非常感人的语调，慢慢地对那个拿枪的人说话，那人的态度逐渐软化，枪掉在了地上，最后，那人竟然抱着他的爸爸哭了起来！

"智慧的力量大于任何力量。"这一启示，指导了他后来的经商之道，最终成为闻名世界的"酒店大王"。

　　犹太民族非常重视学问，但是与智慧相比，学问也略低一筹，他们把仅有知识而没有智慧的人，比喻成"背着很多书本的驴子"。在犹太人看来，这种人即使有一肚子知识，也丝毫派不上用场。而且，知识必须为善，如果用知识做坏事，知识反而有害了。为此，犹太人认为，知识是为磨炼智慧而存在的。假如只是单纯地收集很多知识而不消化，就同徒然堆积许多书本而不用一样，都是一种浪费。

法则 9

心态：

一面生活的魔镜

以微笑面对不幸

一颗高尚的心应当承受灾祸而不是躲避灾祸，因为承受灾祸显示了意志的崇高，而躲避灾祸显示了内心的怯懦。

在美国艾奥瓦州的一座山丘上，有一座不含任何合成材料、完全用自然物质搭建而成的房子。住在里面的人需要依靠人工灌注的氧气生存，并只能以传真的形式与外界联络。

这个房子里的主人叫辛蒂。1985 年，辛蒂还在医科大学念书。有一次，她到山上散步，带回了一些蚜虫。回来后，她拿起杀虫剂为蚜虫去除化学污染，就在这时，她突然感觉到一阵痉挛。她原以为那只是暂时性的症状，却没有料到自己的后半生从此变得悲惨至极。

原来，这种杀虫剂内所含的一种化学物质使辛蒂的免疫系统遭到破坏，使她对香水、洗发水以及日常生活中可接触的所有化学物质一律过敏，甚至连空气也可能使她的支气管发炎。这种"多重化学物质过敏症"是一种奇怪的慢性病，到目前为止仍无药可医。

患病的前几年，辛蒂一直流口水，尿液变成绿色，有毒的汗水刺激背部形成了一块块疤痕；她甚至不能睡在经过防火处理的床垫上，否则就会引发心悸和四肢抽搐——辛蒂所承受的痛苦是令人难以想象的。1989 年，她的丈夫吉姆用钢和玻璃为她盖了一所无毒房子，一个足以逃避所有威胁的"世外桃源"。辛蒂所有吃的、喝的都得经过选择与处理，她平时只能喝蒸馏水，食物中不能含有任何化学成分。

多年来，辛蒂没有见到过一棵花草，听不见一声悠扬的歌声，阳光、流水和风等正常人毫不费力就可以拥有的美好东西，她都无法享有。她躲在没有任何饰物的小屋里，饱尝孤独之苦。更可悲的是，无论怎样难受，她都不能哭泣，因为她的眼泪跟汗液一样也是有毒的物质。

坚强的辛蒂并没有在痛苦中自暴自弃，她一直在为自己，同时更为所有化学污染物的牺牲者争取权益。辛蒂在生病后的第二年，就创立了"环境接触研究网"，以便为那些致力于此类病症研究的人士提供一个窗口。1994年辛蒂又与另一组织合作，创建了"化学物质伤害资讯网"，保证人们免受化学物质威胁。目前这一资讯网已有5000多名来自32个国家的会员，不仅发行了刊物，还得到美国上议院、欧盟及联合国的大力支持。

在最初的一段时间里，辛蒂每天都沉浸在痛苦之中，想哭却不能哭。随着时间的推移，她渐渐改变了生活的态度，她说："在这寂静的世界里，我感到很充实。因为我不能流泪，所以我选择了微笑。"因为她知道每一种生命都有自身的价值，因为在绝境中她仍然能看到自己的价值所在。

至少我还有腿

总有一些人觉得自己很不幸，这个不如意，那个不顺心，每天都在怨天尤人。而或许，在你面前的风景其实并没有想象中那么差，只是眼前的障碍物挡住了你的视线。

希望是苦难的唯一药方。

卡特曾经是一个对一切都不满意的人，所以整天都不快乐。但是在1934年春天，当他在威培城道菲街散步的时候，目睹了一件事，使他的一切烦恼从此消解。这件事发生在10秒钟内，而他自称在这10秒钟里所学到的东西，比从前10年还要多。

当时卡特在威培城开了一家杂货店，经营了两年，不但把所有的积蓄都赔掉了，而且还负债累累。就在上一个星期六，他这家杂货店终于关门了。当时，他正在向银行贷款，准备回老家找工作。

连他走路的样子看起来都像是一个毫无生气的人，因为他已经失去了信念和斗志。

这时，卡特突然瞧见一个没有腿的人迎面而来，他坐在一个木制的有轮子的木板上，他两只手各撑着一根木棒，沿街推进。卡特恰好在他过街之后碰见他，他正朝人行道滑去，他俩的视线刚好相碰了。他微笑着，向卡特打了个招呼："早安，先生！天气很好，不是吗？"他的声音是那样富有感染力，那样有精神，好像根本就不是一个身体有缺陷的人。

面对那个坐在轮椅上的先生自信的目光，卡特觉得自己才是一个残疾者！他对自己说："既然他没有腿也能快乐高兴，我当然也可以。至少我还有腿！"

顿时，卡特感到心胸豁然开朗，他想："我本来只想向银行借100元钱，但是，我现在有勇气向银行借200元了。我本来想到的只是回老家求人帮忙，随便找一件事做，但是，现在我自信地宣布，我要到堪萨斯城获得一份好工作。"最后他钱也借到了，工作也找到了。

后来，卡特把这次经历中的感想写了下来，贴在自己浴室的镜子上，每天早晨刮脸的时候，他都要大声地朗读一遍：

我苦恼，因为我没有鞋。

直到在街上遇见一个人，

——他没有脚！

医生与喜剧演员

面对一成不变的生活，我们有时会失去耐性，认为自己所从事的事情既无聊，又无趣，甚至会因此而产生厌世的心理。这时候，如果能让自己尝试另外一个角色，站在别人的立场上来审视自己的生活，你就会重新发现生活的意义和乐趣。

弗洛姆是一位著名的犹太心理医生，他每天要看许多病人，并且要很有耐心地倾听病人述说心中的忧郁和焦虑。他每天所接触的都是一张张的愁眉苦脸，所以被那些不快乐的情绪感染得也很不快乐，日子一久，他觉得心理压力非常大。为了稳定自己的情绪、缓解压力，他时常去看喜剧，让自己开怀大笑一番。

　　有一天，弗洛姆的病人又是一个接一个，他正低头在一位病人的病历卡上记录诊断结果，却听到一个很熟悉的声音说："医生，我很不快乐，生活中没有能够让我开心的事情，活着实在是没有什么意义，我真想死。"

　　弗洛姆抬头一看，却看到一张熟悉的面孔，他居然是让自己捧腹大笑的喜剧演员。

　　这样的巧遇，让弗洛姆不禁哑然失笑。他低头想了一下说："这样吧！你我交换，我当一天喜剧演员，你当一天心理医生，怎么样？"

　　喜剧演员原本以为弗洛姆在开玩笑，但是看他一脸认真的表情，又不像是开玩笑，于是考虑片刻，接受了这个建议。

　　喜剧演员扮演了一天"代理医师"，除了药方由在幕后的弗洛姆开列之外，他有模有样地询问病人的病情，并且努力开导病人要寻找一个正确的人生方向。

　　弗洛姆在喜剧演员的教导之下，也在剧院表演了一幕喜剧。他忘却了自己的医师身份，在舞台上装疯卖傻，惹得观众捧腹大笑。弗洛姆站在舞台之上，看到台下有这么多的笑脸，他的心情也好极了。

　　之后两人又恢复各自的身份。有一天，喜剧演员又来看心理医师。

　　"医生，我找到了平衡点。现在我知道了，其实我的工作非常有意义，我的每一个喜剧动作所引起的每个笑容都是我的成就。我不想死了，因为我的存在可以帮助那么多不快乐的人，让他们获得生活上的平衡。"喜剧演员容光焕发地说。

弗洛姆微笑着点了点头说:"是啊!我也要谢谢你让我有机会知道,我也有能力制造许多的笑脸。"

从此以后,当病人坐在候诊室等候看病时,都能听到由弗洛姆的诊疗室中所传出来的幽默话语和病人的哈哈大笑声。

不幸造就的天才

幸福可以转化为苦难,苦难也能演变成幸福,一切只看你的态度与行动。

上天常常如此捉弄世人,给了你这样礼物,再拿走那样。善待苦难、厄运,你才能在另一面寻觅到奇迹。

有这样一个不幸者,4岁时,一场麻疹和强直性昏厥症,差点使他进入棺材。7岁时患上了严重的肺炎,不得不进行大量的放血治疗。46岁牙床突然长满脓疮,拔掉了几乎所有的牙齿。牙病才刚刚痊愈,又染上可怕的眼疾,视线不再清晰,只能靠人搀扶着走路,于是幼小的儿子成了他手中的拐杖。50岁后,关节炎、肠道炎、喉结核等多种疾病吞噬着他的肌体。后来声带也坏了,靠儿子按口型翻译他的思想。他仅活到57岁,就口吐鲜血而亡。死后尸体也备受磨难,先后搬迁了8次。

上帝带给他的苦难实在太残酷无情了。

而这个人似乎觉得这还不够深重,又给生活设置了各种障碍和旋涡。他长期把自己囚禁起来,每天练琴10~12小时,忘记饥饿和死亡。13岁起,他就周游各地,过着流浪生活。

但他另一面的人生足以让人瞠目结舌:12岁他就举办首场音乐会,并一举成名,轰动舆论界。之后他的琴声遍及法、意、奥、德、英、捷等国。他的演奏使帕尔玛首席提琴家罗拉惊异得从病榻上跳下来,木然而立,无颜收他为徒。

听了他的琴声,卢卡观众欣喜若狂,宣布他为共和国首席小提琴家。在意大利巡回演出时，人们到处传说他一定有魔鬼暗授他妖术，要不怎么他的琴声会魔力无穷。维也纳一位盲人听他的琴声，以为是乐队演奏，当得知台上只有他一人时，大叫一声"他是个魔鬼"，然后竟然逃走了。巴黎人为他的琴声陶醉，早忘记了当时正在流行的严重霍乱，演奏会依然场场爆满……

凭借独特的指法、弓法和充满魔力的旋律，他征服了整个欧洲和世界，几乎欧洲所有文学艺术大师，如大仲马、巴尔扎克、司汤达等都听过他的演奏并为之震动。音乐评论家勃拉兹称他为"操琴弓的魔术师"；歌德评价他"在琴弦上展现了火一样的灵魂"；李斯特大喊："天啊，在这四根琴弦中包含着多少苦难、痛苦和受到残害的生灵啊！"

他就是文艺史上的三大怪杰之一、伟大的小提琴家帕格尼尼。

将苦难当作情人，予以悲壮、热烈的拥抱，命运之神终会向你微笑。

没有卖不出去的豆子

罗曼·罗兰说："所谓内心的快乐，是一个人过着健全的、正常的、和谐的生活所感到的快乐。"对于一个乐观者而言，"倒霉"与他绝缘。

以智慧著称的犹太人说："这个世界上卖豆子的人应该是最快乐的！因为他们永远不必担心豆子卖不出去。"假如他们的豆子卖不出去，可以拿回家磨成豆浆，然后拿出来卖给行人，如果豆浆卖不完，可以制成豆腐，如果豆腐卖不成，变硬了，就当作豆腐干来卖。如果豆腐干卖不出去的话，就把这些豆腐干腌制起来变成腐乳。

另外一种选择是：卖豆子的人把卖不出去的豆子拿回家，加上水，让豆子发芽，几天后就可以改卖豆芽了。豆芽如果卖不动，就让它长大些，变成豆苗。如果豆苗还是卖不动，就让它再长大些，移植到花盆，当作盆景来卖，如果盆景卖不出去的话，那么再把它移植到泥土里，让它生长，几个月后，它结出许多新豆子，一颗豆子变成上百颗豆子，想想是多划算的事！

原来，小小的豆子，也可以让人如此快乐。

生活中，我们经常看到许多人，成天乐呵呵的，自己十分羡慕，却又学不来。总觉得现实中烦人的事经常出现，哪能乐得起来呢？其实，诚如古语所说："仁者乐山，智者乐水。"欧阳修说："山水之乐，得之心而寓之酒也。"即是说，如果自己心中无乐，再好的山水也不会使你快乐。

永远保持乐观的精神状态，经常"笑一笑"，不仅可以"十年少"，而且对我们事业的成功也大有裨益。俄国伟大的诗人普希金，曾写诗劝慰他的一位对人生充满失望与忧伤的朋友，希望这位朋友从痛苦的阴影中走出来，重新焕发对生活的乐观情绪。诗的结尾这样说：

啜饮欢乐到最后一滴吧！

潇洒地活着，不要忧心！

顺遂生命的瞬息过程吧！

在年轻的时候，你该年轻！

这最后一行饱含深情的嘱语，很值得人们永久地思忖。

你最喜欢的就是世上最好的

快乐的标准不一。无论是你拥有的，还是未曾拥有的；复杂的，还是简单的；便宜的，还是昂贵的；实在的，还是虚无的；只要你喜欢，它就是最好的。

一天，一个终日愁苦的青年去拜见一位大师以求得到快乐的良方。大师说："只有世界上你认为最好的东西才能使你快乐。"

于是，他辞别妻儿，踏上了寻找世界上最好的东西的漫漫旅途。

第一天，他遇见了一位重病患者，他问："你知道世界上最好的东西是什么吗？"病人恹恹地说："那还用问吗？是健康的体魄。"青年想，健康？我每天都拥有，算不上世界上最好的东西。

第二天，他遇见了一个正玩耍的孩童，他问："你知道世界上最好的东西是什么吗？"

孩童想了想，说："是一大堆玩具啊。"这个人摇了摇头，继续去寻找世界上最好的东西。

接着，他又先后遇到了一个老者、一个商人、一个画家、一个囚犯、一个母亲和一个女孩。

老者说："年轻是世界上最好的东西。"

商人说："利润是世界上最好的东西。"

画家说："色彩是世界上最好的东西。"

囚犯说："自由是世界上最好的东西。"

母亲说："我的宝贝孩子是世界上最好的东西。"

女孩说："我爱过一个青年，他脸上那灿烂的笑容是世界上最好的东西。"

唉！没有一个回答令他满意。

失望的他继续走啊走啊，最后，他穿过熙熙攘攘的人群，带着五花八门的"答案"又回到了大师那里。

大师见他回来了，似乎知道了他的遭遇和失望，微笑着说："先不要去追究你的问题，它永远不会有一个确切而唯一的答案。你现在考虑这样一个问题——把你最喜欢的东西和情景找出来，告诉我。"

此时，青年饥寒交迫、蓬头垢面。他想了一会儿，对大师说："我出门很多天了，我想念我亲爱的妻子和可爱的孩子，想念一家人冬夜里围着火炉谈笑聊天的情景……"说到这里，他长叹一声："那是我现在最喜欢的东西啊！"

大师拍了拍他的肩，说："回去吧！你最好的东西在你的家里，它们可以使你快乐起来。"

青年疑惑地问："可我就是从那里走出来的啊！"

大师笑了，说："你出来之前，不知道自己喜欢什么东西；你出来之后——比如现在，你已经知道自己喜欢什么样的东西了。"

青年醒悟。

每个人的心目中，关于最好的、最快乐的答案各不相同，但有一点是相似的：最喜欢的，即是世上最好的。

法则 10

习惯：

决定未来的力量

把最重要的事情放在前面

在安排时间时，要永远把重要的事情放在第一位，在没有完成重要的事情之前，决不着手做次要的事情。

萨缪尔森教授在给即将毕业的 MBA 班的学生上最后一次课。令学生们不解的是，讲桌上放着一个大铁桶，旁边还有一堆拳头大小的石块。"我能教给你们的都教了，今天我们只做一个小小的测验。"教授把石块一一放进铁桶里。

当铁桶里再也装不下一块石头时，教授停下了来。教授问："现在铁桶里是不是再也装不下什么东西了？""是。"学生们回答。"真的吗？"教授问。

随后，他不紧不慢地从桌子底下拿出了一小桶碎石。他抓起一把碎石，放在已装满石块的铁桶表面，然后慢慢摇晃，然后又抓起一把碎石……不一会儿，这一小桶碎石全装进了铁桶里。

"现在铁桶里是不是再也装不下什么东西了？"教授又问。"还……可以吧。"有了上一次的经验，学生们变得谨慎了。

"没错！"教授一边说，一边从桌子底下拿出一小桶细沙，倒在铁桶的表面。教授慢慢摇晃铁桶。大约半分钟后，铁桶的表面就看不到细沙了。"现在铁桶装满了吗？""还……没有。"学生们虽然这样回答，但心里其实没底。

"没错！"教授看起来很兴奋。这一次，他从桌子底下拿出的是一罐水。他慢慢地把水往铁桶里倒。

水罐里的水倒完了，教授抬起头来，微笑着问："这个小实验说明了什么？"

一个学生马上站起来说："它说明，你的日程表排得再满，你都能挤出时间做更多的事。"

"有点道理。但你还是没有说到点子上。"

萨缪尔森教授顿了顿，说："它告诉我们：如果你不是首先把石块装进铁桶里，那么你就再也没有机会把石块装进铁桶里了，因为铁桶里早已装满了碎石、沙子和水。而当你先把石块装进去，铁桶里会有很多你意想不到的空间来装剩下的东西。在以后的职业生涯中，你们必须分清楚什么是石块，什么是碎石、沙子和水，并且总是把石块放在第一位。"

最没有效率的人就是那些以最高的效率做最没用的事的人。总是做重要且紧迫的事的人，常常有很多的剩余时间。做完"正事"之后，他们有相当多的时间去做"重要而不紧迫"、"不重要且紧迫"甚至"不重要且不紧迫"的事，就像装石块的铁桶里有意想不到的剩余空间来装碎石、沙子和水。犹太人总是告诉自己的孩子：集中精力在能获得最大回报的事情上；别花费时间在对成功无益的事情上。

创新的作用

要从小教育孩子养成创新思维的习惯，一个人只有不断创新，才可能超越前人，有所成就。

1926 年，有着犹太血统的兰德才 17 岁，他还是哈佛大学一年级的学生。一天晚上，他走在繁华的百老汇大街，从他面前驶过的汽车车灯刺得他眼睛都睁不开。他突然灵机一动：有没有办法既让车灯照亮前面的路，又不刺激行人的眼睛呢？他觉得这是很有实用价值的课题。兰德说干就干，第二天便去学校办了休学手续，专心研究偏光车灯的创造发明。

1928 年，兰德的第一块偏光片终于制成了。他匆匆赶去申请专利，不料已有 4 个人申请此项专利。他辛辛苦苦做出的第一项成果就这样白费了。3 年后，经过改进的偏光片研制成功，专利局终于在 1934 年把偏光片的专利权给了兰德，这是他获得的第一项专利。

1937 年，兰德成立了拍立得公司。有人把他介绍给华尔街的一些大老板，他们对兰德的才能和工作效率十分赏识，向他提供了37.5 万美元的信贷资金，希望他把偏光片应用到美国所有汽车的前灯上，以减少车祸，保证乘车人的安全。

1939 年，"拍立得"公司在纽约的世界博览会上推出的立体电影更是轰动一时。观众必须戴上该公司生产的眼镜才能入场，这又为"拍立得"赚了一大笔钱。

有一次，兰德给他的女儿照相。小姑娘不耐烦地问："爸爸，我什么时候才能看到照片？"这句话触动了兰德，经过多年高效率的研究，他终于发明了瞬时显像照相机，取名为"拍立得"相机。这种相机能在 60 秒钟洗出照片，所以又称"60 秒相机"。

"拍立得"公司 1937 年刚成立时，销售额为 14.2 万美元，1941年就达到 100 万美元，1947 年则达到 150 万美元，为 10 年前的 10倍。"拍立得"相机投入市场后，使公司销售额从 1948 年的 150 万美元猛增至 1958 年的 6750 万美元，10 年里增长了 40 倍。

然而兰德并不就此停步，后来他又制造出一种价格便宜，能立即拍出彩色照片的新相机。兰德说："一个企业，不仅要不断地推出新产品，改善人们的生活，给人们带来方便，而且要考虑下一步该怎么办。这样，企业就不会停滞不前，将永远充满活力。"

当人们问兰德有什么成功奥秘时，他只是笑笑说："我相信人的创造力，它的潜力是无穷的，我们只要把它挖掘出来，就无事不成。"

《圣经》告诉我们：创造力是上天赐予我们的最珍贵的礼物，它能给我们带来许多意想不到的惊喜。但是怎样发掘你的创造力呢？兰德的经验告诉我们：创造并非遥不可及；只要你处处留心，你会发现在我们日常生活中处处充满创造的灵感，创造就在我们身边。

独木桥的走法

一个人的习惯性心态对其性格的形成有着决定性的作用，可以说习惯形成性格，性格决定命运。

曾有几个学生向弗洛伊德请教：心态对一个人会产生什么样的影响？

他微微一笑，什么也不说，就把他们带到一间黑暗的房子里。在他的引导下，学生们很快就穿过了这间伸手不见五指的神秘房间。接着，弗洛伊德打开房间里的一盏灯，在这昏黄如烛的灯光下，学生们才看清楚房间的布置，不禁吓出了一身冷汗。原来，这间房子的地面就是一个很深很大的水池，池子里蠕动着各种毒蛇，包括一条大蟒蛇和三条眼镜蛇，有好几只毒蛇正高高地昂着头，朝他们"咝咝"地吐着信子。就在这蛇池的上方，搭着一座很窄的木桥，他们刚才就是从这座木桥上走过来的。

弗洛伊德看着他们，问："现在，你们还愿意再次走过这座桥吗？"大家你看看我，我看看你，都不作声。

过了片刻，终于有3个学生犹犹豫豫地站了出来。其中一个学生一上去，就异常小心地挪动着双脚，速度比第一次慢了很多；另一个学生战战兢兢地踩在小木桥上，身子不由自主地颤抖着，才走到一半，就挺不住了；第三个学生干脆弯下身来，慢慢地趴在小桥上爬了过去。

"啪"，弗洛伊德又打开了房内另外几盏灯，强烈的灯光一下子把整个房间照耀得如同白昼。学生们揉揉眼睛再仔细看，才发现在小木桥的下方装着一道安全网，只是因为网线的颜色极暗淡，他们刚才都没有看出来。弗洛伊德大声地问："你们当中还有谁愿意现在就通过这座小桥？"

学生们没有作声，"你们为什么不愿意呢？"弗洛伊德问道。"这张安全网的质量可靠吗？"学生心有余悸地反问。

弗洛伊德笑了："我可以解答你们的疑问了，这座桥本来不难走，可是桥下的毒蛇对你们造成了心理威慑，于是，你们就失去了平静的心态，乱了方寸，慌了手脚，表现出各种程度的胆怯——心态对行为当然是有影响的啊。"

其实人生又何尝不是如此呢？在面对各种挑战时，也许失败的原因不是因为势单力薄、不是因为智能低下、也不是没有把整个局势分析透彻，反而是把困难看得太清楚、分析得太透彻、考虑得太详尽，才会被困难吓倒，举步维艰。倒是那些没把困难完全看清楚的人，更能够勇往直前。如果我们在通过人生的独木桥时，能够忘记背景，忽略险恶，专心走好自己脚下的路，我们也许能更快地到达目的地。

剪除规矩的网

生活中，养成将东西整齐摆放的习惯固然值得称赞，但如果过于整齐，事事苛求，容不得一点"乱"，也会作茧自缚，自寻烦恼。

成长过程中，有很多烦恼伴随着我们左右，可往往这些烦恼源于我们自己心灵条条框框的束缚，是自己囚禁了自己。

一天，女儿走到雅斯贝尔斯面前，问了一个问题："爸爸，为什么东西总是很容易就弄乱了呢？"

雅斯贝尔斯便反问道："乖女儿，你这个'乱'字是什么意思？"

女儿说道："你知道吗，那是指东西没有摆放整齐。看看我的书桌，东西都不在一定的位置，这不叫作乱叫什么？昨天晚上我花了不少时间才把它重新摆放整齐，可是没法保持很久。所以，我说东西很容易便弄乱了。"

雅斯贝尔斯听完后就告诉女儿说："什么叫作整齐，你摆给我看看。"于是女儿便开始动手整理，把书桌上的东西都重新归位，然后说道："请看，现在它不是整齐了吗？可是它没法保持长久。"

雅斯贝尔斯又再问她："如果我把你的水彩盒往这里移动一二英寸，你觉得怎么样呢？"

女儿回答说："不好，这么做书桌又弄乱了，你最好让桌面维护'规规矩矩'的，不要出现那些'脱线'情形。"

随后雅斯贝尔斯又问道："如果我把铅笔从这儿移到那儿呢？"

"你又把桌面弄乱了。"女儿回答道。

"如果我把这本书打开呢？"他继续问道。

"那也叫作乱。"女儿再回答道。

雅斯贝尔斯这时微笑着对女儿说道："乖女儿，不是东西很容易弄乱，而是你心里对于乱的定义太多了，但对于整齐的定义却只有一个。"

无规矩不成方圆。可规矩太多，也是对心灵的束缚。生活中，我们的不少烦恼都是自找的，用自己的规矩捆住了自己，无怪乎一些人会被痛苦给缠得动弹不得。那就好像那些人给自己罩上了一张大网，越是想挣脱却越挣不脱，越是想逃避越逃避不了。犹太人不用过多的规矩束缚孩子的心灵，而是让他们的心灵自由飞翔。哲人雅斯贝尔斯的话定能让我们思考良久。

听与说

上帝给了我们一张嘴、两只耳朵，就是让我们多听少说。

当所有人都不再在背后道人长短时，一切纠纷的火焰就会熄灭。因此要如同对待珍宝一样，慎重地使用自己的舌头。犹太人非常强调说话时自我控制的重要性。他们认为话一旦说出口，就像射出的箭，再也不能收回了。他们也是这样教育孩子的。他们认为，话不可以随便乱说，应该一字一句地斟酌才对。为此犹太人常常用药来比喻言语，即适量的言语可以一针见血，但是用量过多就会愈描愈黑，反而有害。

有一个犹太女人很喜欢东家长、西家短地道别人是非。她的多嘴连平常饶舌的三姑六婆们都无法忍受，终于有一天大家一起到拉比那里去控诉她的行为。

拉比仔细倾听每一个女人的控诉之后，便要这些女人们先回去。然后拉比叫人去找那个多嘴的女人来。"你为什么对邻居太太们品头论足，无中生有？"多嘴的女人笑着回答说："也许我有一点夸张事实的习惯，但是我并没有杜撰什么故事啊！不过我说的不是很接近事实吗？我只是把事实稍微修饰一下，使它更有声有色而已。但是或许我真的太多嘴了，连我丈夫都这么说呢！""你已经承认你的话太多了，好吧！让我们来想一想，有没有什么好的治疗方法？"

拉比想了一会儿之后，走出房间，然后拿回一个大袋子，他对女人说："你把这个袋子拿去，到了广场之后，你就打开袋子，一面把袋子里的东西摆在路边，一面走回家。但是，回到家之后，你便要掉过头来，把东西收齐以后，再回到广场上去。"女人接过这个袋子，觉得很轻，她很纳闷，非常想知道里面装的是什么东西，于是加快脚步走到广场去，到了广场之后，她迫不及待地打开一看，里面装的竟然是一大堆羽毛。

那是一个万里无云的晴朗秋天，微风轻吹，令人觉得非常舒服。女人照着拉比的吩咐，一面走，一面把羽毛摆在路边，当她走进家门时，袋子刚好空了。然后她又提着袋子，一边捡，一边回广场。可是，凉爽的秋风却吹散了羽毛，以致所剩寥寥无几。

女人只好回到拉比那里，她向拉比说，一切都照拉比的吩咐去做了，但是，却只能收回几根羽毛。"我想也是的。"拉比说，"所有的马路新闻，都像是大袋子里的羽毛一样一旦从嘴里溜出去，就永远没有收回的希望。"于是，拉比的机智矫正了这个女人的坏习惯。

《犹太法典》告诫人们说："不要说得太多——听的分量要有说的

两倍。"犹太人认为，长舌远比三只手更令人头痛，假话传久了就会变成恶言，谣言足以隔离亲近的朋友。因此，不要用嘴巴去发现看不见的东西。同时，拉比们还告诫人们说："遇到鬼的时候，你一定会拔腿就跑；同样的，遇到马路消息时，你也要快速地逃。"因此，犹太人在自己的周围，总是尊敬那些懂得听话艺术的人，而讨厌那些只是喋喋不休地说个不停的人。

一分钟

珍惜生命中的每一分钟，利用起来尝试改变一些什么，你的人生将变得充实。

著名教育家班杰明·D曾经接到一个青年人的求教电话，并与那个向往成功、渴望指点的青年人约好了见面的时间和地点。

待那个青年人如约而至时，班杰明的房门敞开着，眼前的景象却令青年人颇感意外——班杰明的房间里乱七八糟、狼藉一片。

没等青年人开口，班杰明就招呼道："你看我这房间，太不整洁了，请你在门外等候一分钟，我收拾一下，你再进来吧。"一边说着班杰明就轻轻地关上了房门。

不到一分钟的时间，班杰明就又打开了房门，并热情地把青年人让进客厅。这时，青年人的眼前展现出另一番景象——房间内的一切已变得井然有序，而且有两杯刚刚倒好的红酒，在淡淡的香水气息里还荡漾着微波。

可是，没等青年人把满腹的有关人生和事业的疑难问题向班杰明讲出来，班杰明就非常客气地说道："干杯。你可以走了。"

青年人手持酒杯一下子愣住了，既尴尬又非常遗憾地说："可是，我……我还没向您请教呢……"

"这些……难道还不够吗？"班杰明一边微微笑着一边扫视着自己的房间，轻言细语地说，"你进来又有一分钟了。"

"一分钟……一分钟……"青年人若有所思地说，"我懂了，您让我明白了一分钟的时间可以做许多事情，可以改变许多事情的深刻道理。"

　　班杰明舒心地笑了。青年人把杯里的红酒一饮而尽，向班杰明连连道谢后，开心地走了。

　　一分钟是能改变很多事情的，所以当我们对人生和事业的疑难问题，苦苦思索而不得其解的时候，这时与其浪费时间，不如马上去尝试。也许尝试的结果是失败，但我们至少解决了疑难问题的一部分；当我们在尝试的时候，我们改变了问题，我们也改变了自己，生活也就生动起来了！

法则 *11*

亲恩：

温暖心灵，感动生命

回家

　　家庭是人一生中最温暖的地方，我们要以自己的实际行动教育孩子用真心加耐心去呵护家庭的幸福。

　　科尔在以色列国际机场等着接一个朋友时，他想从空桥走出的旅客中找到朋友，却注意到一个男人带着两个轻便的袋子向前来迎接他的家人走来。

　　他放下袋子后先走向他最小的儿子（可能是6岁），并给了对方一个长长的拥抱。放开时两人互望着对方，科尔听到这位父亲说："能见到你实在太好了，儿子，我实在好想你。"他儿子笑得很羞涩，眼神有点闪躲，只是轻轻地回答："我也是，爸爸！"

　　然后男子站直，注视着大儿子（也许9岁或10岁），把儿子的脸捧在手心里说道："你已经是个年轻小伙子啦！我亲爱的柴克！"接着他也给了对方一个温暖又温柔的拥抱。这时，一个小女孩（可能是1岁多）开始在她母亲怀里兴奋地蠕动着，她从没把她小小的眼眸从她归来的父亲神奇的脸上移开，男子说道："嗨，小姑娘。"当他从妻子手中温柔地接过女儿时，很快地把女儿的小脸都亲了个遍，又把她贴近自己的胸膛摇啊摇，小女孩很快就放松了，满足地把头静静地靠在他肩上。

　　过了一会儿，他牵着女儿和大儿子的手宣布："我把最好的留在最后。"然后给了他的妻子一个科尔从未看过的最长、最热情的吻，男子深情地望着妻子，然后静静地说："我好爱你。"

　　他们凝视着对方的眼睛，握着彼此的手相视而笑。那一刻科尔觉得他们也许是新婚夫妻，但根据他们孩子的年龄判断，又不太可能，科尔被眼前发生的一切感动了，科尔不禁问道："你们俩结婚多久啦？"

"在一起 14 年，结婚 12 年了。"他顺口答道，眼睛还是盯着他亲爱的妻子不放。

"那么，你离开多久了呢？"科尔继续问道。这男人终于转了过来，看着他，露出愉悦的微笑，答道："整整两天。"

两天？科尔着实吃了一惊，以这般热烈的欢迎仪式看来，他几乎已认定男子不是离开了几个月，也至少是几个星期。

科尔轻轻叹了一声，说道："我希望我的婚姻在 12 年后还能有你们那般热情！"

这男人马上收敛了笑容，直直地看着科尔，说："别只是希望，朋友，要下决心。"

科尔一直看着这个特殊的男人和家庭走出自己的视线，当科尔的朋友走到他身边时问道："你在看什么？"科尔毫不迟疑，以一种热切的坚定回答他："我的未来！"

《犹太法典》中说：幸福生活的获得有时候就像在酿酒，想要酿造出那愈久弥香的美酒，并不仅仅是希望，还需要有淘米、蒸料、麦芽糖化、制酒曲、发酵等每一道工序耐心操作的决心，因为稍有一两道工序疏忽，便会前功尽弃。家庭幸福的常青树是需要我们用真心加耐心呵护的！

母亲给出的答案

当孩子遭遇失败时，他们需要的不是生硬的说教，更不是指责，而是正面的鼓励和耐心的引导。

有个犹太孩子对一个问题一直想不通：为什么他的同桌想考第一就考了第一，而自己想考第一却只考了全班第 21 名？

回家后他问妈妈："妈妈我是不是比别人笨？我觉得我和他一样听老师的话，一样认真地做作业，可是，为什么我总比他落后？"妈妈听了儿子的话，感觉到儿子开始有自尊心了，而这种自尊心正在被学校的排名伤害着。她望着儿子，没有回答，因为她不知道怎样回答。

又一次考试后，孩子考了第 17 名，而他的同桌还是第一名。回家后，儿子又问了同样的问题。她真想说，人的智力确实有三六九等，考第一的人，脑子就是比一般的人灵。然而这样的回答，难道是孩子真想知道的答案吗？她庆幸自己没说出口。

应该怎样回答儿子的问题呢？有几次，她真想重复那几句被上万个父母重复了上万次的话——你太贪玩了；你在学习上还不够勤奋；和别人比起来还不够努力……来搪塞儿子，哪怕一次。然而，像她儿子这样脑袋不够聪明，在班上成绩不甚突出的孩子，平时活得还不够辛苦吗？所以她没有那么做，她想为儿子的问题找到一个完美的答案。

儿子小学毕业了，虽然他比过去更加刻苦，但依然没有赶上他的同桌，不过与过去相比，他的成绩一直在提高。为了对儿子的进步表示赞赏，她带他去看了一次大海。就是在这次旅行中，这位母亲回答了儿子的问题。

现在这位做儿子的再也不担心自己的名次了，也再没有人追问他小学时成绩排第几名，因为他去年以全校第一名的成绩考入了国际一流大学。寒假归来时，母校请他给同学及家长们做一个报告。其中他讲了小时候的一段经历："我和母亲坐在沙滩上，她指着前面对我说，你看那些在海边争食的鸟儿，当海浪打来的时候，小灰雀总能迅速地起飞，它们拍打两三下翅膀就升入天空；而海鸥总显得非常笨拙，它们从沙滩飞入天空总要很长时间，然而，真正能飞越大海横过大洋的还是它们。"这个报告使得很多母亲流下了眼泪，其中包括他自己的母亲。多年之后，这个儿子所取得的成就更是让母亲流下了欣慰的眼泪，他就是著名哲学家哈耶克。

孩子的成功并非仅在于母亲的答案告诉了他持之以恒的重要性，还有他所体会到的母亲答案中传递的爱和支持，母亲是用她的答案宣告她对孩子的信心和对孩子自尊的维护。我们不妨相信是爱让这个世界转动的!

奇迹的名字叫父亲

在这个世界上,爱总是让我们创造奇迹!

1948 年,在一艘横渡大西洋的船上,有一位犹太父亲带着他的小女儿,去和在美国的妻子会合。

海上风平浪静,晨昏瑰丽的云霓交替出现。一天早上,男人正在舱里用腰刀削苹果,船却突然剧烈地摇晃,男人摔倒时,刀子扎入他的胸口,他的全身都在颤抖,嘴唇瞬间乌青。

6 岁的女儿被父亲瞬间的变化吓坏了,尖叫着扑过来想要扶他,他却微笑着推开女儿的手:"没事,只是摔了一跤。"然后轻轻地拔出刀子,很慢很慢地爬起来,不引人注意地用大拇指揩去了刀锋上的血迹。

以后 3 天,男人照常每晚为女儿唱摇篮曲,清晨替她系好美丽的蝴蝶结,带她去看大海的蔚蓝。仿佛一切如常,而小女儿尚不能注意到父亲每一分钟都比上一分钟更衰弱、苍白,他看向海平线的眼光是那样忧伤。

抵达的前夜,男人来到女儿身边,对女儿说:"明天见到妈妈的时候,请告诉妈妈,我爱她。"

女儿不解地问:"可是你明天就要见到她了,你为什么不自己告诉她呢?"

他笑了,俯身,在女儿额上深深留下一个吻。后来,船到纽约港了,女儿一眼便在熙熙攘攘的人群里认出母亲,她在喊着:"妈妈!妈妈!"

就在这时,周围忽然一片惊呼,女儿一回头,看见父亲已经仰面倒下,胸口血如井喷,刹时间染红了整片天空……

尸解的结果让所有人惊呆了：那把刀无比精确地洞穿了他的心脏，他却多活了3天，而且不被任何人知觉。唯一的解释是因为创口太小，使得被切断的心肌依原样贴在一起，维持了3天的供血。

这是医学史上罕见的奇迹。医学会议上，有人说这是大西洋奇迹，有人建议以死者的名字命名，还有人说要叫它神迹……

"够了。"那是一位坐在首席的老医生，须发俱白，皱纹里满是人生的智慧，此刻一声大喝，然后一字一顿地说，"这个奇迹的名字，叫父亲。"

与其说这是一个关于奇迹的故事，不如说它是一个关于父爱的故事。父母对孩子的爱是最无私的爱，正是这种爱，创造了一个又一个我们生命里的奇迹。真爱也是成就孩子美好未来的源泉。

瑞恩的井和妈妈的爱

对于孩子善良的愿望，作为家长一方面要扶持、呵护、帮助，另一方面也不能让孩子毫不费力地就使之实现，要鼓励孩子通过自己的努力和付出不断积累，直到达成目标。

瑞恩是加拿大一个普通犹太家庭的一个普通男孩，5年前的一天，这个一年级的小学生，听老师讲非洲的生活状况：孩子们没有玩具，没有足够的食物和药品，很多人甚至喝不上洁净的水，成千上万的人因为喝了受污染的水死去。我们的每一分钱都可以帮助他们：一分钱可以买一支铅笔，60分够一个孩子两个月的医药开销，两块钱能买一条毯子，70块钱就可以帮他们挖一口井……

6岁的小瑞恩深受震惊，想为非洲的孩子捐献一口井的愿望成了他强烈的梦想。他的妈妈并没有像我们的某些家长一样直接给他这笔钱，也没有一直把它当成小孩子一会儿一变的头脑发热时的冲动。妈妈让他在承担正常的家务之外自己挣钱：哥哥和弟弟出去玩，而他吸了两小时地毯挣了两块钱；全家去看电影，他留在家里擦玻璃赚到第二个两块钱；帮爷爷捡松果；帮邻居捡暴风雪后的树枝……

就这样，他坚持了4个月，终于攒够了70元钱，交给了相关的国际组织。

然而人家告诉他：70元钱只够买一个水泵，挖一口井要2000块。瑞恩的梦想只得继续着。一年多以后，通过家人和朋友的帮助，他竟筹集了足够的钱，在乌干达的安格鲁小学附近捐助了一口水井。

事情到此并没有结束，因为有更多的人喝不上干净的水，攒钱买一台钻井机，以便更快地挖更多的水井让每一个非洲人都喝上洁净的水成了瑞恩的梦想。他坚持了下去。

5年后，这个6岁孩子的梦想竟成为千百人参加进来的一项事业，"瑞恩的井"基金会筹款已达75万加元，为非洲8个国家建造了30口井。这个普通的男孩，也被评选为"北美洲十大少年英雄"，被人称为"加拿大的灵魂"，影响着越来越多的人去爱和帮助他人。

偶然读到的这个故事让我深深感动，那个充满爱心的男孩实现了他的人生价值，但我更佩服的是他的妈妈。一个孩子的力量能有多大？没有家人和朋友的支持他的梦想不可能实现。我们的孩子并不缺少梦想和爱心，孩子都是纯洁的天使，无私而有着无数千奇百怪的梦想，所有孩子都一样的聪明，一样的可爱，一样的充满爱心和幻想，不一样的是家长，什么时候家长们能变得更聪明起来，明白什么才是对孩子的真爱？

说出你的爱

"子欲养而亲不待。"要及早说出你对父母的爱，因为很可能你会永远失去这个机会。

卡耐基在为成年人上的一堂课上，曾给全班出过一道家庭作业。作业内容是："在下周以前去找你所爱的人，告诉他们你爱他。

那些人必须是你从没说过这句话的人，或者是很久没听到你说这些话的人。"

在下一堂课程开始之前，卡耐基问他的学生们是否愿意把他们对别人说爱而发生的事和大家一同分享。卡耐基非常希望跟往常一样有个女人先当志愿者。但这个晚上，一个男人举起了手，他看来有些激动。

男人从椅子上站起身，说："卡耐基先生，上礼拜你布置给我们这个家庭作业时，我对你非常不满。我并没感觉有什么人需要我对他说这些话。还有，你是什么人，竟敢教我去做这种私人的事？但当我开车回家时，我想到，自从5年前我的父亲和我争吵过后，我们就开始避免遇见对方，除非在圣诞节或其他家庭聚会中非见面不可。尽管如此，我们还是几乎不交谈。所以，回到家时，我告诉我自己，我要告诉父亲我爱他。

"说来也很怪，做了这决定时我胸口上的重量似乎减轻了。

"第二天，我一大早就急忙起床了。我太兴奋了，所以几乎一夜没睡着，我很早就赶到办公室，两小时内做的事比从前一天做的还要多。

"9点钟时，我打电话给我爸爸，问他我下班后是否可以回家去。他听电话时，我只是说：'爸，今天我可以过去吗？有些事我想告诉您。'我父亲以暴躁的声音回答：'现在又是什么事？'我跟他保证，不会花很长的时间，最后他终于同意了。5点半，我到了父母家，按门铃，祈祷我爸会出来开门。我怕是我妈来开门，而我会因此丧失勇气，但幸运的是，我爸来开了门。

"我没有浪费一丁点儿的时间——我踏进门就说：'爸，我只是来告诉你，我爱你。'

"我父亲听了我的话，他不禁哭了，他伸手拥抱我说：'我也爱你，儿子，原谅我竟一直没能对你这么说。'

"这一刻如此珍贵，我祈盼它凝止不动。我爸和我又拥抱了一会儿，长久以来我很少感觉这么好过。

"但这不是我要说的重点。两天后，那从没告诉我他有心脏病的爸爸忽然发作，在医院里结束了他的一生。我并没想到他会如此。

"如果当时我迟疑着没有告诉我爸，我就可能没有机会了！所以我要告诉全班同学的是，你知道必须做，就不要迟疑。把时间拿来做你该做的，现在就去做！"

大声说出我们的爱，并不是一件难事，可它却会让我们收获很多。说出爱，也许它仅仅是一种形式，可正是这种形式赋予了爱以勇气，赋予了爱以真诚，赋予了爱以感动。只要大声说出父子之间的爱，父子便会更贴心。

未上锁的门

对于误入迷途的孩子，最好的挽救办法就是一如既往地关爱他们，不抛弃，不放弃，总有一天，爱的力量会唤醒他们的灵魂，让他们迷途知返。

在种族隔离时期，苏格兰的格拉斯哥，一个犹太小女孩像今天许多年轻人一样，厌倦了枯燥的家庭生活和父母的管制。

她离开了家，决心要做世界名人。可不久，她每次满怀希望求职时，都被无情地拒绝了。她只能走上街头，开始乞讨。许多年过去了，她的父亲死了，母亲也老了，可她仍在泥沼中徘徊不前。

在这期间，母女从没有什么联系。可当母亲听说女儿的下落后，就不辞辛苦地找遍全城的每个街区，每条街道。她每到一个收容所，都停下脚步，哀求道："请让我把这幅画贴在这儿，好吗？"画上是一位面带微笑、满头白发的母亲，下面有一行手写的字："我仍然爱着你……快回家！"

几个月后，没有什么变化。桀骜的女孩懒洋洋地晃进一家收容所，那儿，正等着她的是一份免费午餐。她排着队，心不在焉，双眼漫无目的地从告示栏里随意扫过。就在那一瞬，她看到一张熟悉的面孔："那会是我的母亲吗？"

她奋力挤出人群，上前观看。不错！那就是她的母亲，底下有行字："我仍然爱着你……快回家！"她站在画前，泣不成声。这会是真的吗？

这时，天已黑了下来，但她不顾一切地向家奔去。当她赶到家的时候，已经是凌晨了。站在门口，任性的女儿迟疑了一下，该不该进去？终于她敲响了门，奇怪！门自己开了，怎么没锁？不好！一定有贼闯了进去。记挂着母亲的安危，她三步并作两步冲进卧室，却发现母亲正安然地睡觉。她把母亲摇醒，喊道："是我！是我！女儿回来了！"

母亲不敢相信自己的眼睛。她擦干眼泪，果真是女儿。娘儿俩紧紧抱在一起，女儿问："门怎么没有锁？我还以为有贼闯了进来。"母亲柔柔地说："自打你离家后，这扇门就再也没有上锁。"

世界因为爱而显得美丽，爱则因为有了母爱而显得博大，富有内涵。真爱也是教育子女最好的方式。对于子女的一些错误，最好的方法就是一如既往地关爱他们，那样他们才会迷途知返，而不是越陷越深。

法则 12

情谊：

永恒的无价之宝

"人缘"的获得

好的人缘不是一朝一夕之间获得的，要靠平时在日常生活中点点滴滴地积累。

20 世纪 30 年代，一位犹太传教士每天早晨，总是按时到一条乡间土路上散步。无论见到任何人，总是热情地打一声招呼："早安。"

其中，有一个叫米勒的年轻农民，对传教士这声问候，起初反应冷漠，在当时，当地的居民对传教士和犹太人的态度是很不友好的。然而，年轻人的冷漠，未曾改变传教士的热情，每天早上，他仍然给这个一脸冷漠的年轻人道一声早安。终于有一天，这个年轻人脱下帽子，也向传教士道一声："早安。"

好几年过去了，纳粹党上台执政。米勒成为纳粹党中的一名指挥官。

这一天，传教士与村中所有的人，被纳粹党集中起来，送往集中营。在下火车、列队前行的时候，有一个手拿指挥棒的指挥官，在前面挥动着棒子，叫道："左，右。"被指向左边的是死路一条，被指向右边的则还有生还的机会。

传教士的名字被这位指挥官点到了，他浑身颤抖，走上前去。当他无望地抬起头来，眼睛一下子和指挥官的眼睛相遇了。

传教士习惯地脱口而出："早安，米勒先生。"

米勒先生虽然没有过多地表情变化，但仍禁不住还了一句问候："早安。"声音低得只有他们两人才能听到。最后的结果是：传教士被指向了右边——意思是生还者。

人是很容易被感动的，而感动一个人靠的未必都是慷慨的施舍，巨大的投入。往往一个热情的问候，温馨的微笑，也足以在人的心灵中洒下一片阳光，它很可能成为你走上柳暗花明之境的一盏明灯。有时候，"人缘"的获得就是这样"廉价"而简单。

5 万人的名字

记住别人的名字并正确地称呼，能帮助你处处受人欢迎，获得良好人缘。

吉姆·佛雷 10 岁那年，父亲就意外丧生，留下他和母亲及另外两个弟弟。由于家境贫寒，他不得不很早就辍学，到砖厂打工贴补家用。他虽然学历有限，却凭着犹太人特有的精明和坦率，处处受人欢迎，进而转入政坛。

他连高中都没读过，但在他 46 岁那年已有 4 所大学颁给他荣誉学位，并且高居民主党要职，最后还担任邮政首长之职。

有一次有记者问起他成功的秘诀，他说："辛勤工作，就这么简单。"记者有些疑惑，说道："你别开玩笑了！"

他反问道："那你认为我成功的原因是什么？"

记者说："听说你可以一字不差地叫出 1 万个朋友的名字。"

"不，你错了！"他立即回答道，"我能叫得出名字的人，少说也有 5 万人。"

这就是吉姆·佛雷的过人之处。每当他刚认识一个人时，他定会先弄清他的全名，他的家庭状况、他所从事的工作，以及他的政治立场，然后据此先对他建立一个概略的印象。当他下一次再见到这个人时，不管隔了多少年，他一定仍能迎上前去在他肩上拍拍，嘘寒问暖一番，或者问问他的老婆孩子，或是问问他最近的工作情形。有这份能耐，也难怪别人会觉得他平易近人，和善可亲。

吉姆很早就已发现，牢记别人的名字，并正确无误地唤出来，对任何人来说，是一种尊重、友善的表现。

对别人的尊重、友善不仅要放在心里，更要表现在行为中。

只要有你真诚的灌注，哪怕只是你一个小小举动，也会让人深深感动！

把金牌熔掉

在人生的竞技场上，除了你输我赢的激烈竞争之外，还有更加珍贵的东西，那就是友谊。

运动员为奥运会上的一枚金牌，付出的太多了。他们从很小的时候起，就开始进行专项训练，以至于人生最美好的时光都在训练场度过。他们所做的一切努力只有一个目的：金牌。而当真正的金牌挂到脖子上时，蓦然回首，怅然若失：用半生的光景换取半分钟的掌声，到底值不值？金牌凝聚了他们几乎全部的注意力。他们为金牌执着，为金牌所伤。

而发生在1936年柏林奥运会上的一件事，则值得我们深思。当时最有希望夺得跳远金牌的是美国选手杰西·欧文斯。他是当时的一位田径天才，一年前，他曾跳出8.13米的好成绩。

预赛开始后，一位名叫卢茨·朗格的德国选手第一跳就跳出了8米的不俗成绩。卢茨·朗格的出色发挥使欧文斯很紧张——这次比赛对他有着非同寻常的意义，当时，希特勒的"非犹太民族白种优越论"甚嚣尘上，欧文斯太想用成绩证明这是谬论了！

由于心急，第一次试跳，欧文斯的脚超过了起跳板几厘米，被判无效。第二次试跳还是如此。如果第三次仍然失败，他将不得不被淘汰出局，而无缘真正的决赛。可欧文斯显然还是无法使自己平静下来；只要欧文斯被淘汰，决赛中可以说冠军就非卢茨·朗格莫属了。

可卢茨·朗格没有选择金牌，他选择的是友谊——他走上来，拍了拍欧文斯的肩膀说："你闭上眼睛都能跳进决赛。你只需跳7.15米就能通过预选，既然这样，你就根本用不着踩上跳板再起跳——

你为什么不在离跳板还有几厘米的地方做个记号，而在记号处就开始起跳——这样，你无论如何也不会踩线了。"

欧文斯恍然大悟，照卢茨·朗格的话做了，轻松进了决赛。在决赛中，他发挥出了应有的水平，夺得冠军。夺冠后第一个上来向他祝贺的是卢茨·朗格。

后来，欧文斯在他的传记中深情地写道：把我所有的奖牌熔掉，也不能制造我对卢茨·朗格的纯金友谊。而在我熔掉奖牌之前，卢茨·朗格在心中早已把他的金牌熔掉了。

生活有时犹如比赛，目的就像挂在远处的金牌，不断招引着我们的注意力，使我们无暇顾及目的之外的路边的风景。

不能分享是痛苦的

快乐有人分享，快乐就加倍；痛苦有人分担，痛苦就减半。

有一个故事，说一位犹太教的长老，酷爱打高尔夫球。在一个安息日，他觉得手痒，很想去挥杆，但犹太教义规定，信徒在安息日必须休息，什么事都不能做。

这位长老却终于忍不住，决定偷偷去高尔夫球场，想着打 9 个洞就好了。

由于安息日犹太教徒都不会出门，球场上一个人也没有，因此长老觉得不会有人知道他违反规定。

然而，当长老在打第 2 洞时，却被天使发现了，天使生气地到上帝面前告状，说某某长老不守教义，居然在安息日出门打高尔夫球。上帝听了，就跟天使说，会好好惩罚这个长老。

从第 3 个洞开始，长老打出超完美的成绩，几乎都是一杆进洞。长老兴奋莫名，到打第 7 个洞时，天使又跑去找上帝：上帝呀，你不是要惩罚长老吗？为何还不见有惩罚？上帝说：我已经在惩罚他了。

直到打完第 9 个洞，长老都是一杆进洞。因为打得太神乎其技了，于是长老决定再打 9 个洞。天使又去找上帝了：到底惩罚在哪里？上帝只是笑而不答。

打完 18 洞，成绩比任何一位世界级的高尔夫球手都优秀，把长老乐坏了。天使很生气地问上帝：这就是你对长老的惩罚吗？

上帝说：正是，你想想，他有这么惊人的成绩，以及兴奋的心情，却不能跟任何人说，这不是最好的惩罚吗？

生活需要伴侣，快乐和痛苦都要有人分享。没有人分享的人生，无论面对的是快乐还是痛苦，都是一种惩罚。

原来当快乐不能分享时，竟然会变成一种惩罚。快乐如果能够分享，快乐会加倍，痛苦如果能够分担，痛苦会减少。一个很有名的人举了一个例子，他用物理的公式来传达这个想法，他说：压强公式 $P=F/S$，压强的大小等于外力除以接触面积，换句话说，当外力都是一样的时候，如果接触的面积大，压强就会变小。我们心里会有压力，一定有什么事情困扰着我们，我们可能没有办法改变这件事，但要让心里的压力减小，我们可以跟其他人倾诉，让受力面积扩大。

当然你要记得，不是只有痛苦才找人分担，快乐也要跟人分享，否则以后大家看到你就躲得远远的。最后，你也可以想想，如果你愿意当那个分享人家快乐的人，或是分担别人痛苦的人，我相信，你也会是一个很幸福的人，因为很多人会很感激你的。

快乐简不简单？与其说追求快乐，还不如说拥有快乐，因为它本来就在我们身上。说穿了，快乐是一个观念的拥有，但它还必须具备一些条件，那就是分享。一个人无论看到怎样的美景奇观，如果他没有机会向人讲述，他就决不会感到快乐。人终究是离不开同类的。一个无人分享的快乐决非真正的快乐，而一个无人分担的痛苦则是最可怕的痛苦。

所谓分享和分担，未必要有人在场，但至少要有人知道。永远没有人知道，绝对的孤独，痛苦便会成为绝望，而快乐——同样也会变成绝望！

选准你的伙伴

如果孩子失去了朋友，或者不被同伴接受，那么即使日后取得了很大成功，也会终生有一种不满足感和不完全感。

从前有一个农夫跟蛇交上了朋友。我们都知道，蛇是很聪明的，它不久就设法使农夫跟它十分亲热。农夫只夸赞它一个，并且永远把它捧到天上。然而，如今农夫的一切老朋友和亲戚，竟然没有一个上门来了。

"这是怎么回事呢？"农夫问他的一个昔日的朋友说，"请你告诉我，你们一个也不来看我，这是为什么呢？是我的老婆没有按照礼数款待你们呢，还是你们嫌弃我的食物粗劣呢？"

"不，"他的朋友回答道，"问题不在这！我们很愿意和你一起谈谈说说。你们夫妻两人，谁也没有在什么地方得罪我们或是叫我们不高兴，没有人会这样埋怨你们的，我可以保证！可是，如果跟你一块儿坐着，老是要东张西望、提心吊胆的，提防着你的朋友蛇会爬过来从背后咬我们一口，那又有什么乐趣呢！"交上了坏朋友的人，是难以得到世人的敬重的。

农夫交上了蛇这个朋友，因此失去了其他的好朋友，即使这条蛇不会对其他的朋友造成危害，别人在与农夫交往时也是战战兢兢，这对农夫来说是得不偿失的。所以在鼓励孩子交朋友时，要妥善选择自己的择友范围，交对朋友。

犹太人非常重视人际关系对孩子性格发育的重要性，认为孩子的性格发育和他的人际关系的总和是相等的。当然，孩子的人际关系首先开始于与父母的相处，同时也包括同龄人对他的影响。孩子到了 7 ~ 8 岁时，开始脱离父母的影响，越来越看重同学和朋友对他的喜欢、支持和赞成。尽管他们的感情食粮理所当然地要从父母身上汲取，但从朋友身上也能得到意外的精神与情感的源泉。儿时的友谊影响孩子的自尊心和交友习惯等，其程度几乎相当于父母的抚育和爱护。

孩子的交友技能在儿童期过后就很难再学会了，它有些像学习游泳，对蹒跚学步的幼儿来说极其容易，但如果在童年时代失去了机会，等到成年时再学就比较难了。当然，尽管孩提时代没有朋友并不注定成人后就会孤单，但应该承认，有些情商技能的发展是有时间性的，正常的时间一过去，一样的技能就会变得很难学会。所以要鼓励孩子们多交朋友，但择友时一定要慎重。

鸡蛋确实很好吃，可是对于老鼠来说偷运鸡蛋却是件不容易的事情。老鼠甲想出了一个绝妙的主意——它找来了朋友乙，在鸡窝里，让老鼠乙仰面朝天，四只脚紧紧抱住鸡蛋，老鼠甲咬紧乙的尾巴，拖着战利品和它的朋友上路了。

一路上，老鼠甲心中有说不出的骄傲和自豪："不是吹牛，这绝对是鼠类的创举！"它为自己的主意哼起了小曲。老鼠乙却闷不作声地打起了小算盘：它悄悄地用牙齿叩开了蛋壳，在老鼠甲的歌声里品尝起美味来。

目的地终于到了。老鼠乙一翻身推开了已吃光只剩下的鸡蛋壳："倒霉！没挑准，弄了一只空的！再见吧，我亲爱的朋友。"说着，它一抹嘴巴，腆起大肚子，溜了。

看着老鼠乙的背影，老鼠甲一句话也说不出来："哎，再妙的主意，也得选准伙伴哪！"

除此以外，犹太父母还经常给孩子们讲这个故事，说明交友要慎重的道理：

在孩子交友的不同阶段，父母应给予不同的帮助与指导。

1. 以自我为中心阶段（0～7岁）

在这个阶段，父母应该设计一些活动，邀请有共同兴趣或性格相近的孩子参加。活动中，孩子们如何相处并不是重要的，重要的是他们有机会在一起，这些共同的经历为日后的社交技能打下了基础。当孩子上学以后，就会更愿意和同龄伙伴相处。如果父母这时仍然不断地出现在孩子的左右，对他们是有害的。

2. 满足需要阶段（4~9岁）

孩子一旦喜欢和同伴相处，你就应该对他们强化朋友的价值，鼓励他们交往，看重孩子们之间的友谊。如果你的孩子对另一个孩子表示出正面的积极情感，即使你对对方表示怀疑和担忧，也千万不要否定和诋毁对方。并且，如果孩子被他人取笑或欺侮后，怀有一些负面的情绪，你也决不能火上浇油。不要鼓励孩子抱怨同学，否则就会强化他的孤僻，你只要当个好听众就可以了。

父母应起到表率和带头作用，经常和孩子谈谈自己的朋友，谈你们一起做过的事，为什么朋友对你很重要等。让孩子参加你和朋友的活动，让他们亲眼看到你们如何相处，以及友谊对你们的重要性等。

3. 互利互惠阶段（6~12岁）

这个阶段父母的支持和参与，会给孩子以安全感和满足感。当孩子们在交友相处的过程中，体会到酸甜苦辣咸五味俱全的感受时，你的知识和经验就会使孩子大大受益。孩子与朋友相处出现危机时，为人父母者过去或现在的经历会给孩子提供一些教益，但请不要给他们任何劝告。应该让他们养成容忍他人的品格，忍受亲密朋友的不可避免的伤害，由自己决定如何处理这些负面感情和经历。不管他们最后如何决定，是保持还是放弃这份友谊，或是寻找新朋友，都是正确的。只要不是就此避开同伴就可以。

4. 亲密相处阶段（8~15岁）

当孩子有了亲密的朋友以后，父母的作用便是指导：灌输适当的价值观，确定与孩子年龄适应的限制，鼓励孩子个人的成长和人际关系的发展。同时，这时孩子对你的依赖日益减少，你一方面觉得解脱，而另一方面却又感到失落，这是很正常的。

父母在帮助孩子学会交友时应该牢记拉比的教诲：拥有一个"好朋友"是孩子成长过程中的重要任务，这会影响他日后的人际关系，要保证让孩子有机会掌握与年龄相适应的交往的技巧。

我来帮助你

乐于助人，是构成当今世界高素质人才非常重要的品质要素。人的本质是爱的相互存在，人的生活是与他人的相互交往构成的。乐于助人，就是要求人们善于理解他人的处境、他人的情感和需要随时准备从道义上去支持别人，从行动上去关心帮助别人。培养孩子从小乐于帮助他人的美德，对孩子今后具有高尚的情操、健全的人格有不可估量的影响。

从前有一个商人在过河时翻了船，他只好抓住水中漂浮的一堆枯枝乱草拼命挣扎。一个打鱼的人听到呼救的喊声，立即把船划过去救他。商人看到了缓缓驶来的小船，顿时产生了获救的希望。然而汹涌的河水无情地告诉他，随时都有被淹没的危险。为了抓紧时间死里逃生，商人对着渔夫大声喊道："我是济阴的名门富豪，只要你能救我，我就送给你100金！"渔夫使出浑身的力气，抢在商人沉没之前把他救到岸上。可是商人上岸后只给了渔夫10金。渔夫对商人说："你不是答应给我100金的吗？现在你得救了就只给10金，这样做对不对呢？"商人一听变了脸色。他恶狠狠地说道："像你这样的一个渔夫，往常一天能挣几个钱？刚才一眨眼工夫你就得到了10金，难道还不满意吗？"渔夫不好跟他争辩，低着头、闷闷不乐地走了。过了些日子，那个商人从吕梁坐船而下。他的船在半路上又触礁翻沉了。从前的那个渔夫碰巧正在附近。有人对渔夫说："你为什么不把岸边的小船划过去救他呢？"渔夫答道："他就是那个答应给我酬金，过后却翻脸不认人的吝啬鬼！"说完，渔夫一动不动地站在岸上袖手旁观。不一会儿，那个商人就被河水吞没了。

在这个故事中，商人爱财如命、言行不一和渔夫见死不救的作为，反映出他们缺乏乐于助人的人道主义精神，都是不可取的。独生子女在智能、体能发展方面比较占优势，但在个性品德方面却是个弱势。这是由于他们处在四二一的特殊地位：没有兄弟姐妹一起生活，这就失去了许多和别人分享食物、玩具、争论、吵架、吃亏、让步或合作互助的实践机会。加之双亲、家族不鼓励，不要求其与别的伙伴交往，不要求他关心别人，帮助别人，以致使他们"自我中心"严重，只知自己接受抚爱和关心的需要，不知别人也有被抚爱和关心的需要。所以当他们一旦进入集体生活，在建立良好的人际关系方面就遇到较大的困难，缺少"帮助他人"的责任心和义务感。

从前有一个骡夫，赶着一头骡子和一头驴在路上走着，骡子和驴都驮着货物。它们在平地上行走时，驴驮着它的货物觉得还不费力，但走到陡峭的山路时，驴就觉得驮的货物沉重得让它受不了，忍不住求骡子帮它分担一部分，让它把剩下的驮回家。可是骡子听了它的恳求，并没有理睬它。过了半天的时间，驴实在坚持不住了，倒地死去了。这地方渺无人烟，骡夫没有别的办法，只好把驴驮的货物一并加到骡子驮的货物上面，从驴身上剥下来的皮还放在骡子身上。骡子在重负下呻吟说："我这真是自作自受。如果我肯答应给驴帮忙，我这会儿用不着再驮上它的货物外加驴皮了。"骡子自私自利，不帮助驴子驮货物，最后得到了应有的下场。

乐于助人是犹太人格外崇尚的美德。犹太儿童从小就被灌输乐于助人的思想。

现实生活当中，常常会有些事情给人带来喜悦或烦恼，带来幸福或悲伤，带来顺利或困难，带来成功或失败，无论处于何种境地，人都需要别人给予相应的理解和帮助。对于儿童也需要去关心和帮助别人及接受别人的关心和帮助。因此，培养孩子乐于助人的精神就成了儿童教育中的一个重要课题。犹太人在这方面是这样做的：

首先，布置有用的任务。让孩子在邻居之间或是校园里做点有益的事情，比如照料宠物，做饭，教更小的弟弟妹妹们做游戏，或者给不幸的孩子制作玩具，这些都可以培养大多数孩子乐于助人的品质。当然，并非所有的孩子都能自发地做这些事情，必须有人鼓励他们，教他们，甚至有时需要强迫他们，但只能是温和的强制，否则会适得其反。

其次，父母以身作则。要培养乐于助人的核子，最重要的就是：如果你希望孩子表现得体贴、大度、肯帮忙，你就必须身体力行，示范给孩子们看。要是你自己都言行不一，孩子们只会模仿你的行为，即使你把原则和指令讲得头头是道，也一点用处也没有。

再次，要创造温馨的家庭环境。有些父母爱孩子，教育孩子时经常鼓励孩子，他们的孩子就总是乐于助人、更为别人着想、更富有同情心。这反映出孩子效仿了你的行为。要是孩子情绪好的话，他是极有可能帮助别人的，所以努力让他保持那种状态是非常值得的。

最后，定规矩，并且解释。有些父母会对孩子说："要是你打他，会弄痛他的。"然后他们会向孩子解释这类行为的后果，然后指出"你不可以打人"这条原则。他们用这种方法培养的孩子更具有同情心。有许多研究表明，对孩子阐明慷慨助人的理由，尤其是强调说明他人的感受时，最能帮助孩子养成体贴、友善的行为方式。

许多父母都花大量时间告诫孩子别去做什么，其实更重要的是告诉孩子们为什么有些事不应该做——特别是当行为的结果可能会影响到别人的时候。完全没有纪律约束对培养孩子是有害的。略带专制的家长式作风会令孩子成长、发展得更好。大体上说，使孩子对于行为标准和规矩有明确的偏好，这也是培养高度自尊和令孩子受欢迎的方法。

法则 13

进取：

塑造完美的自我

积极进取，永不停留

"世间没有不能成功的事，只有不愿意走向成功的人。"不管是一个国家、一个民族、一个企业，或是个人，都应该具有积极进取，永不停留的精神，这样才能在时代发展的潮流中不被大浪淘沙，衰退落伍。

犹太人是颇具积极进取的精神的，他们无论在任何场合、任何环境、任何时间都能保持着寻求积极面的意识，这是犹太人成功的秘诀。他们对自己的子女也从小就灌输这种思想。当然，他们在正视积极面的过程中，并不是忽视否定面。恰恰相反，他们敢于面对现实，无所畏惧或自我陶醉。正因为犹太人具有的这种积极进取的精神，使他们遇到困难时总能设法把它转变为积极面，帮助自己克服困难。

有句名言："人苦不知足，既得陇复望蜀。"此话讲明人不是没有知足的极限，而是不断谋求更大的发展。确实，在人类发展的进程中，如果知足不前，那会有今天的高度文明的社会吗？

大财团罗思柴尔德是犹太商人的典型。罗思柴尔德的始祖名为梅耶·亚莫夏，他少年当学徒的时候，由于积极进取、刻苦好学，自己开始经营古董商店，逐步积累资本。后来，他利用欧洲工业革命的时机，把资金、情报及自己的智慧融合，纵横于英国、法国等欧洲各地进行紧俏货物的买卖，不惜斥下巨资开设银行，开展股票业务，投资矿业、铁路，甚至把自己5个儿子分散在法兰克福、巴黎、伦敦等5大城市开设公司，很快把罗思柴尔德家族办成一个跨国大财团。

类似罗思柴尔德的发财致富成功的犹太商人不胜枚举，在世界许多地方都有，如连锁先驱卢宾，报业奇才奥克斯，好莱坞老板高德温，沙逊跨国集团，金兹堡金融家，地产大王里治曼等，均是凭着一双空手，靠积极进取精神，创立他们的企业的。

在科学技术方面，犹太人的伟大发明，也是举世闻名的。据历史记载，飞船的发明人是都柏林，但有人证实是犹太人大卫·舒华滋发明的。大卫·舒华滋自己建造飞船，经过数次试飞，在接近成功时，不幸猝死，因此，都柏林伯爵向舒华滋的未亡人买到了这一飞船的技术，完成了具体的飞行而一举成名。

发明飞机的莱特兄弟能够名扬世界，在其背后也是有一位犹太人奥多·利安达替他们开飞机促成的。发明直升机的，是犹太人亨利·斐纳。

据历史记载，发明有线电话者为葛拉汉·贝尔。但在贝尔发明成功的1876年之前16年，已经有犹太人试制成电话机，该电话机现在被收存在史密苏尼安博物馆。

此外，有近百名犹太人获得诺贝尔科学文艺奖，如前面讲的20世纪最伟大的科学家爱因斯坦，原子结构理论权威波尔，著名化学家赫维西，免疫学奠基人埃尔利希，"氢弹之父"特勒，化学名家赖希施泰因等，举不胜举。

又如杰出文艺专家有：世界著名画师毕加索，音乐大师马勒，文学巨匠比亚利克，杰出女作家米林，魔术大师霍迪尼，还有众多的政坛上的大将名人等。

犹太人中有那么多的出类拔萃的人物，很关键的一个原因，是他们形成一种积极进取的民族精神，自幼接受了"我一定要有所作为"的积极观念。由于犹太人从小就被培养了成功的信心，所以他们能够努力学习，应用本身所具有的潜力，把自己升高壮大。这种精神成为他们前进路上的"马达"，加速了他们的速度，增强了面对现实和排除困难的信心和力量。他们永远相信"世上无难事，只怕有心人"。

荣誉的圣殿

在人生的旅途中谁都不会一帆风顺。在遇到被拒绝、挫败等事情时，不要太早放弃努力，也许你与成功就差这一点坚持的距离。一切都是暂时的状态，对此我们要对自己说："我只是还未成功。"切莫因放弃而与荣誉失之交臂。

凡尔纳是享誉世界的法国著名科幻小说家，但是在他成名之前可谓饱尝挫败的滋味。凡尔纳的父亲是一名颇有成就的律师，正因如此，父亲希望他能够子承父业，然而这并不是凡尔纳的兴致所在。

他从小喜欢幻想，爱海洋，也爱冒险，一次他偷偷地报名作为海上见习生想航行印度，但计划未能如愿，因为他的行踪被家人获悉。回到家后等待他的是一场猛烈的拳头。从此，凡尔纳开始了他的幻想之旅，利用想象来表达他眼中的世界。"天将降大任于斯人也"，一个伟大作家的诞生注定要一波三折。

1863年冬天的一个上午，凡尔纳刚吃过早饭，正准备到邮局去，突然听到一阵敲门声，凡尔纳开门一看，原来是一个邮政工人。工人把一包鼓囊囊的邮件递到了凡尔纳的手里。一看到这样的邮件，凡尔纳就预感到不妙，自从他几个月前把他的第一部科幻小说《乘气球五周记》寄到各出版社后，收到这样的邮件已经是第14次了，他怀着忐忑不安的心情拆开一看，上面写道："凡尔纳先生：尊稿经我们审读后，不拟刊用，特此奉还——××出版社。"每看到这样一封封退稿信，凡尔纳都是心里一阵绞痛：这次是第15次了，还是未被采用。

凡尔纳此时已深知，对于出版社的编辑来说，一个籍籍无名的作者是多么微不足道。他愤怒地发誓，从此再也不写了，他拿起手稿向壁炉走去，准备把这些稿子付之一炬。凡尔纳的妻子赶过来，一把抢过手稿紧紧抱在胸前，此时的凡尔纳余怒未息，说什么也要把稿子烧掉。他妻子急中生智，以满怀关切的感情安慰丈夫："亲爱的，不要灰心，不妨再试一次，也许这次能交上好运的。要知道在荣誉的大道上，从来没有放弃的容身之处。"听了这句话以后，凡尔纳抢夺手稿的手，慢慢放下了，他沉默了好一会儿，然后接受了妻子的劝告，又抱起这一大包手稿到第16家出版社去碰运气。

这次没有落空，读完手稿后，这家出版社立即决定出版此书，并与凡尔纳签订了20年的出版合同。

没有他妻子的疏导，没有"永不放弃"的精神，我们也许根本无法读到凡尔纳笔下那些脍炙人口的科幻故事，人类就会失去一份极其珍贵的精神财富。

哑巴与奥斯卡金像奖

人生并非一帆风顺。真正的成功者是那些在跌倒后能一次一次爬起，在苦难中毫不退缩、不言放弃的人。就像玻璃钢的杯子，哪怕摔得再多，它还是能一次又一次以自己的完好证明着自己的韧性。不倒翁并非不倒，只是它在倒了之后能重新站立！

1987年3月30日晚上，洛杉矶音乐中心的钱德勒大厅内灯火辉煌，座无虚席，人们期盼已久的第59届奥斯卡金像奖的颁奖仪式正在这里举行。在热情洋溢、激动人心的气氛中，仪式一步步地接近高潮——高潮终于来到了。主持人宣布：玛莉·马特琳凭借在《上帝的孩子》中出色的表演，获得最佳女主角奖。全场立刻爆发出雷鸣般经久不息的掌声。玛莉·马特琳在掌声和欢呼声中，一阵风似的快步走上领奖台，从上届影帝——最佳男主角奖获得者威廉·赫特手中接过奥斯卡金像。

手里拿着金像的玛莉·马特琳激动不已。她似乎有很多很多话要说，可是人们没有看到她的嘴动，她又把手举了起来，但不是那种向人们挥手致意的姿势，眼尖的人已经看出她是在向观众打手语，内行的人已经看明白了她的意思："说心里话，我没有准备发言。此时此刻我要感谢电影艺术科学院，感谢全体剧组同事……"

原来，这个奥斯卡金像奖最佳女主角奖获得者，竟是一个不会说话的哑女。

玛莉·马特琳不仅是一个哑巴，还是一个聋子。

玛莉·马特琳出生时是一个正常的孩子，但她在出生18个月后，被一次高烧夺去了听力和说话的能力。

这位聋哑女对生活充满了激情。她从小就喜欢表演。8岁时加入伊利诺伊州的聋哑儿童剧院，9岁时就在《盎司魔术师》中扮演多萝西。

但16岁那年，玛莉被迫离开了儿童剧院。所幸的是，她还能时常被邀请用手语表演一些聋哑角色。正是这些表演，使玛莉认识到了自己生活的价值，克服了失望心理。她利用这些演出机会，不断锻炼自己，提高演技。

1985年，19岁的玛莉参加了舞台剧《上帝的孩子》的演出。她饰演的是一个次要角色。可就是这次演出，使玛莉走上了银幕。

女导演兰达·海恩丝决定将《上帝的孩子》拍成电影。可是为物色女主角——萨拉的扮演者，使导演大费周折。她用了半年时间先后在美国、英国、加拿大和瑞典寻找，但竟然都没找到中意的。

于是她又回到了美国，观看舞台剧《上帝的孩子》的录像。她发现了玛莉高超的演技，决定立即启用玛莉担任影片的女主角，饰演萨拉。

玛莉扮演的萨拉，在全片中没有一句台词，全靠极富特色的眼神、表情和动作，揭示主人公矛盾复杂的内心世界——自卑和不屈、喜悦和沮丧、孤独和多情、消沉和奋斗。玛莉十分珍惜这次机会，她勤奋、严谨，认真对待每一个镜头，用自己的心去拍，因此表演得惟妙惟肖，让人拍案叫绝。

就这样，玛莉·马特琳实现了人生的飞翔。她成为美国电影史上第一个聋哑影后。

正如她自己所说的那样："我的成功，对每个人，不管是正常人，还是残疾人，都是一种激励。"

是的，如果你想成功，不管自身条件如何，都不能坐等和指望苍天，一切取决于自己。

自己爬台阶

自己的事情一定要亲自去做。哪怕你完成得没有别人好，那终归也是你自己的劳动成果。只有一次一次的不好，才能换来以后的完善。如果总是依赖别人，那么你的一生将始终与贫穷和低声下气为伴。孩子有了自己的能力和地位后，与家人和社会的沟通才会变得更容易，才更能适应周围环境的变化。

洛克菲勒家族仅在 1974 年资产总额就已经达到 3305 亿美元。纵观创始人约翰·戴维森·洛克菲勒的成长历程，他所取得的成就无不归功于其父母的严格要求和其自身的独立。洛克菲勒从小家教严厉，平时靠给父亲做"雇工"挣零花钱。清晨他便到田里干农活，有时还帮着母亲挤牛奶。他有一个专门用于记账的小本子，将自己的工作按每小时 0.37 美元记入账本，然后再与父亲结算。他做这件事做得很认真，因为感到既神圣又趣味无穷。更有意味的是，洛克菲勒的第二代、第三代乃至第四代，都严格照此方法办理，而且还要定期接受检查，否则，谁也别想得到一分钱的零花钱。

洛克菲勒的家长让孩子这样做并非家中一贫如洗，也不是父母有意苛待孩子，而是为了从小培养孩子艰苦自立的品格和勤劳节俭的美德。那小账本上记载的不仅仅是孩子打工的流水账，更是孩子接受考验和磨难的经历！

犹太父母从小便教育孩子，自己的事情自己做，只有这样才能适应环境变化，使自己不断成熟起来，从而走向成功。

从前有一个犹太商人有两个儿子。父亲宠爱大儿子，他想把自己的全部财产都留给他。但是母亲很可怜小儿子，她请求丈夫先不要宣布分财产的事。她总想找个办法让两个儿子分得平均一些。商人听从了妻子的劝告，暂时没有宣布分财产的决定。

有一天，母亲坐在窗前哭泣，一位过路人看见了，就走上前来，问她为什么哭得这么伤心。她说："我怎么能不伤心呢？对我来说，两个儿子都一样亲，可是我的丈夫却想把全部财产留给大儿子，而小儿子什么也得不到。在我还没想出帮助小儿子的办法以前，我请求丈夫先不要向儿子们宣布他的决定。但是我到现在也不知道怎样才能解决这个烦恼。"过路人说："你的烦恼其实很容易解决。你只管让丈夫向两个儿子宣布，大儿子将得到全部财产，小儿子什么也得不到。但以后他们将各得其所。"小儿子一听说自己什么也得不到，就离开家到外面去谋生了。他在那里学会了许多手艺，增长了知识。而大儿子一直依赖父亲生活，什么也不学，因为他知道，他是富有的。父亲去世后，大儿子什么都不会干，最后把自己所有的财产都花光了；而小儿子却在外面学会了挣钱的本事，变得富裕起来。

实际上，在不少发达国家，对在校学习的孩子要求也是非常"刻薄"的。许多学生利用课余时间，在饭店端盘子，洗碗，做家教，在商店售货或照顾老人等，以此挣钱交学费及零用。美国人一贯教育孩子自主自立，七八岁的小孩就成了"小商人"，出售他们的"商品"来挣零用钱。美国中学生有个口号："要花钱自己挣。"每逢假期，他们就成了打工族，自食其力。

今天的孩子是 21 世纪的主人。在这个充满竞争、复杂多变的快节奏的现代社会，要求每一位社会成员都要具备较强的应变能力。而现代家庭里的孩子大多是独生子女，物质生活相对优越，许多事情都由大人包办，衣来伸手，饭来张口，孩子在这样的环境中免不了失去独立生活的能力。这对以后孩子参与社会竞争是十分不利的。因此为人父母者要从小就培养孩子的独立能力。家长应该让孩子成长为一棵独立支撑、独当一面的大树，而不是靠大树遮风挡雨的、经不起风吹雨打的脆弱小草。

有一个1周岁左右的小男孩，被年轻的妈妈牵着小手来到公园的广场前，等到要上有十几个阶梯的台阶了，小男孩一下子挣脱开了妈妈的手，要自己爬上去。他用胖胖的小手向上爬，他的妈妈也没有抱他上去的意思。当他爬上两个台阶时，他就感到台阶很高，回头看一眼妈妈，妈妈没有伸手去扶他，只是眼睛里充满了慈爱和鼓励。小男孩又抬头向上看了看，他放弃了让妈妈抱的想法，还是手脚并用小心地向上爬。他爬得很吃力，小屁股抬得老高，小脸蛋也累得通红，那身娃娃服也被弄得都是土，小手也脏乎乎的，但他最终爬上去了。年轻的妈妈这才上前拍拍儿子身上的土，在他那通红的小脸蛋上亲了一口。这个小男孩就是后来美国的第16届总统——林肯。他的母亲便是南希·汉克斯。

不言而喻，人的一生有无数级台阶——学习、工作和生活。可是如何面对和攀登这些人生的台阶呢？对于孩子，是牵着手、搀扶着上，还是抱着上？不同的父母会有不同的答案。显而易见，如果家长牵着、搀扶着孩子，就会使孩子产生依赖性，常常把父母当成拐棍而难以自立。如果家长抱着孩子上台阶，把孩子揽在襁褓里，那么，孩子就会成为"被抱大的一代"，不经风雨，不见世面，更难立足于社会。平时，孩子饭来张口，衣来伸手，上学接送，晚上陪读，甚至考上大学父母还要跟着做"保姆"。孩子大学毕业后找工作，又得父母跑单位，当"职介"……这样，孩子是很难自立，大有作为的。

犹太父母认为，再富也不能富孩子，我们也不妨让孩子吃点苦，有"台阶"让他自己爬。这样，孩子才能"一鼓作气"，攀上光辉的顶点。

坚持自己的选择

美丽的梦，不可因为小小的风浪而随意搁浅。许多时候，放下多余的东西，坚持自己的梦想，幸福都有希望完满。

每一个人都有各种各样的梦，但并非谁都能圆梦。

科尔和马克一起去医院看病，他们都是鼻子不舒服。在等待化验结果期间，科尔说如果是癌，立即去旅行。马克也表达了相同的意愿。

结果出来了，科尔得的是鼻癌，马克长的是鼻息肉，科尔留下了一张告别人生的计划表离开了医院，马克却住了下来，科尔的计划是：去一趟埃及和希腊，以金字塔为背影拍一张照片，在希腊参观一下苏格拉底雕像；读完莎士比亚的所有作品……

他在这生命的清单后面这样写道："我的一生有很多梦想，有的实现了，有的由于种种原因，没有实现。现在上帝给我的时间不多了，为了不遗憾地离开这个世界，我打算用生命的最后几年去实现剩下的愿望。"那一年，科尔辞掉了公司的职务，去了埃及和希腊。现在科尔正在实现他出一本书的夙愿。

一天，马克在报上看到科尔写的一篇有关生命的文章，于是打电话去问科尔的病情。科尔说："我真的无法想象，要不是这场病，我的生命该是多么的糟糕。是它提醒了我，去做自己想做的事，去实现自己想去实现的梦想。现在我才体味到什么是真正的生命和人生。你生活得也挺好吧？"

马克没有回答。他早把自己亲口说的去埃及和希腊的事放在脑后了。

人生在世，每个人最后都不可避免地走向生命的尽头，有的人走得快，有的人走得慢。而走得快的人，为了把自己未完的事情做完，不再让生命留下遗憾，反而活出了精彩的人生。而走得慢的人，总是想着自己还有足够的时间去实现自己的人生目标，一拖再拖，直到最后仍然没有完成，碌碌无为地度过了自己平庸的一生。

不放弃年少时的梦想

一个有事业追求的人，可以把"梦"做得高些。虽然开始时是梦想，但只要不停地做，不轻易放弃，梦想终能成真。

有个叫布罗迪的犹太英国教师，在整理阁楼上的旧物时，发现一叠练习册，它们是皮特金中学 B(2) 班 31 位孩子的春季作文，题目叫《未来我是××》。他本以为这些东西在德军空袭伦敦时被炸飞了，没想到它们竟安然地躺在自己家里，并且一躺就是 25 年。

布罗迪随便翻了几本，很快被孩子们千奇百怪的自我设计迷住了。比如，有个叫彼得的学生说，未来的他是海军大臣，因为有一次他在海中游泳，喝了 3 升海水，都没被淹死；还有一个说，自己将来必定是法国的总统，因为他能背出 25 个法国城市的名字，而同班的其他同学最多的只能背出 7 个；最让人称奇的，是一个叫戴维的盲人学生，他认为，将来他必定是英国的一个内阁大臣，因为在英国还没有一个盲人进入过内阁。总之，31 个孩子都在作文中描绘了自己的未来。有当驯狗师的；有当领航员的；有做王妃的……五花八门，应有尽有。

布罗迪读着这些作文，突然有一种冲动——何不把这些本子重新发到同学们手中，让他们看看现在的自己是否实现了 25 年前的梦想。当地一家报纸得知他这一想法，为他发了一则启事。没几天，书信纷纷向布罗迪寄来。他们中间有商人、学者及政府官员，更多的是没有身份的人，他们都表示，很想知道儿时的梦想，并且很想得到那本作文簿，布罗迪按地址一一给他们寄去。

一年后，布罗迪身边仅剩下一个作文本没人索要。他想，这个叫戴维的人也许死了。毕竟25年了，25年间是什么事都会发生的。

就在布罗迪准备把这个本子送给一家私人收藏馆时，他收到内阁教育大臣布伦克特的一封信。他在信中说："那个叫戴维的就是我，感谢您还为我保存着儿时的梦想。不过我已经不需要那个本子了，因为从那时起，我的梦想就一直在我的脑子里，我没有一天放弃过。25年过去了，可以说我已经实现了那个梦想。今天，我还想通过这封信告诉我其他的30位同学，只要不让年轻时的梦想随岁月飘逝，成功总有一天会出现在你的面前。"

布伦克特的这封信后来被发表在《太阳报》上，因为他作为英国第一位盲人大臣，用自己的行动证明了一个真理：假如谁能把15岁时想当内阁大臣的愿望保持25年，那么他现在一定已经是内阁大臣了。

法则 14

勤奋：

重视人生的每一步

榜样的力量是无穷的

犹太人在教育子女时，总是鼓励他们树立自己可以效仿的榜样，像他们一样拼搏奋斗实现自己的目标，被视为榜样的既包括犹太传统中的成功商人，也包括各个领域的专家学者，但不管是谁，犹太父母都会辅导孩子结合自己的天赋和能力，树立恰当的榜样。

犹太父母告诉孩子树立榜样时首先观察要被树为榜样的这个人是否真的值得学习、效仿，一旦发现原来自己的榜样盛名之下，其实难副，孩子幼小的心灵会受到极大的伤害，影响他们正常世界观的形成。犹太儿童经常听大人们讲这个故事：

在一个寂静的夜晚。黑暗中，一只色彩绚烂的流浪汉——蝴蝶，没有目标地乱闯。忽然，它发现远方有一点点火光。"那是什么啊？"被火光迷惑的蝴蝶好奇地问。它想都不想就向火光快速地飞去。它靠近了火光，兴奋地绕着火焰飞翔。啊，多么美丽哟！不过，蝴蝶不满足于只欣赏一下火焰，它还想品尝一下，就像吮吸田野上的花蜜一样。它姿势优美地停在了半空，准备落在火焰上。啊！多么可怕的教训！它惊恐地一跳，逃开了。在火光的照耀下，蝴蝶发现自己缺了一条腿，还有非常漂亮的翅膀尖儿也被烧焦了。"这是怎么了？我遇到了什么事？"蝴蝶不知道是什么原因导致这一切的发生。这么美丽的"光亮"还能令人感到遗憾？真是难以想象！蝴蝶带着这种疑虑，休息了一会儿，等恢复了力气，又重新开始"品尝"。被火光迷惑的蝴蝶，眼睛紧紧地盯着蹿跳的火焰，怀着占有它的决心，一头扎进了火焰。蝴蝶没有遇到任何东西的阻拦，一下子跌在油灯的油盆里。生命弥留之际，蝴蝶低声地嘀咕："可恶的火焰！我渴望你给我带来光亮、带来幸福，而你却只给我死亡！我现在唯一能做的就是为自己疯狂的梦想哭泣！可惜，我明白得太晚了，是你使我遭遇不幸！"火焰听见蝴蝶的抱怨，心平气和地回答道："可悲的蝴蝶，我可不是你想象的太阳！我是火焰。你知道吗？火焰！不谨慎的人不但不会使用我，而且还会自焚！"

犹太父母用这则寓言教育孩子们：崇拜带光环的偶像，可能跟蝴蝶一样跌跟头。告诉他们无论在学习，还是在自己的成长过程中，都要选对榜样，不能像故事中的蝴蝶一样，错把火焰当作自己的偶像，结果送了性命。选对榜样并且从自己做起，从身边做起，才能离目标越来越近。

从很古很古的时代起，鹰王就被认为是价值、尊严和权力的象征。它的形象被波斯人、罗马人、波兰人、德国人、奥地利人和西班牙人用做国徽。

有一只高傲的鹰王，在他年老的时候，选择了最高峰作为住所，并在那里独居多年。一天，他感到死期将近，就把所有的孩子叫到自己身边。等他们聚齐了，鹰王一个一个地看过他们，说："我养育你们，目的是让你们从小就有能力看太阳。我把那些视力低下的孩子——你们的兄弟们都饿死了，因此，你们有资格，也有能力比其他鸟类飞得更高。所有不愿意送死的鸟，从来不会靠近你们的巢。"孩子们恭恭敬敬地听着鹰王的教诲，不断地点着他们高傲的头颅。停了片刻，鹰王继续说道："所有的野兽都应该惧怕你们，但是，你们不能伤害尊敬你们的野兽，并且应该把你们吃剩的食物让给他们吃。""是的，我们遵命……"所有的鹰一齐低声回答。"我马上就要离开你们了，"鹰王说，"但是，我绝不会死在巢里，我要飞向那辽阔的苍穹，飞到双翅能把我带到的天空，我要飞向那万能的太阳。假如能飞到那里，就让太阳的光焰焚烧我的羽毛，我再飞速地冲向地面，跃进大海。在大海中，我会神奇地复活和恢复青春，获得新生。这就是鹰的天性，这就是我们高贵的命运。"讲完之后，鹰王就开始飞行。它庄重、威严地先围绕孩子们居住的高峰飞了一圈。接着，他猛然向高空飞去，以便让太阳的光辉焚烧那一双疲劳的翅膀。

从鹰王那里，孩子们学到了宝贵的尊严。故事中的鹰王选择最高贵、最勇敢的方式结束自己的生命，他用自身的行动为后来的山鹰们树立一道丰碑，成为他们的楷模。

"榜样的力量是无穷的。"对青少年来说这一点更为重要，孩子的年龄越小，榜样的感染力就越大。犹太人对这个问题是这样看的。他们认为，孩子出生以后，首先接触的就是父母及其家庭成员，其最初形成的行为习惯几乎都是从模仿家长而来的。因此，家长要特别重视榜样对孩子的巨大影响作用，时时处处给孩子树立好榜样。苏联的著名教育家马可连柯曾经讲过："一个家长对自己的要求，一个家长对自己家庭的尊重，一个家长对自己每一行为举止的注重，就是对子女最首要的、也是最重要的教育方法。"如果家长处处以身作则，其一言一行就会成为子女的表率，这不仅可以提高和树立家长在子女心目中的威信，而且可以使家长牢牢地把握住教育管理子女的主动权。

所以，在日常的具体生活中，家长要时时严格要求自己，事事起模范带头作用。要求孩子做到的，家长首先要做到；要求孩子好好学习，做一名好学生，父母首先要在本职岗位上兢兢业业，做出一番成绩来；要求孩子在思想品德上和同学团结友爱，互相帮助，家长自己首先要与邻里和睦相处，友好往来，不在一些鸡毛蒜皮的小事上斤斤计较，不占小便宜，公正无私。

如果家长能始终如一地这样严于律己，就会给孩子以耳濡目染、潜移默化的影响，也就会赢得孩子的信赖与尊敬，因为家长本身的言行就是一种实实在在的巨大的教育力量。

试一试才知道

鼓励孩子勇于尝试，让孩子不断提升自我。

有一个故事叫《小马过河》，说的是从前有一匹小马驹，它第一次过河，但是不知道河的深浅，就去请教正在河旁的老水牛和小松鼠。老水牛对小马驹说：这条河的水很浅，可以过得去。而小松鼠却对小马驹说：这条河的水很深，过不去的。小马驹听这么一说就没了主意，跑去问妈妈，妈妈建议说：你自己下水去试试，不就明白了吗？小马驹听了妈妈的话，跑到河边小心地蹚了过去。原来河水并不像老水牛说的那么浅，也没有小松鼠说的那么深。

这个故事中的小马妈妈教育小马的方法就很得当。小马妈妈不是直接告诉小马可不可以过河，而是让小马自己去"试一试"，让它在这个过程中自己得出结论。这种方法与我们很多父母的"训诫"教育相比，能使孩子更深刻地体验到实践的重要性。

犹太人经常强调这一点：父母是孩子最早的老师，父母的言传身教对孩子的影响非常大。但很多父母在教育孩子时，往往只是直接灌输自己的过往经验，代替孩子回答问题，而不是启发孩子，让孩子在亲身实践中得出自己的答案。

孩子的成长过程也是认知的过程，大人的经验固然对孩子的成长有很大的帮助，但孩子的亲身体会要比大人的教诲深刻得多，即使孩子在亲身体会的过程中犯错误，我们也要允许他们犯错误，因为他们有能力去犯错误，也同样有能力改正自己的错误，在犯错误中得到正确的答案，那是最珍贵的。

犹太儿童还经常听长辈们讲这样一个故事。

很久以前，森林中的动物，不论是足智多谋的，还是勇猛强悍的，谁也弄不清楚森林里到底发生了什么灾祸，摸不清楚在那棵粗壮繁茂的古树下面隐藏着什么可怕的动物。这个消息传开之后，传闻变得越来越捉摸不定，大家议论纷纷，最后，大家都说古树下面出现了可怕的怪兽，森林动物的末日到了！动物们胆战心惊地聚在一起商量，一个个苦思冥想，最后，他们不得不求助于狐狸。他们说："狐狸老兄，你是森林动物中最善于思索最聪明的天才，请你发发善心，设法弄清楚到底发生了什么事，探听一下，古树下面到底藏着什么怪兽。"

由于动物们苦苦恳求，狐狸推辞了很久，最后，他才答应去看看。但是，狐狸根本不想为了别人的安危去冒生命危险。因此，他迟迟不肯动身。狡猾的狐狸思索了半天，决定先派自己的朋友、好奇心极强的喜鹊去看个究竟。喜鹊在古树四周飞来飞去，观察了半天，才发现在茂密的古树树叶中有两颗闪闪发光的亮点，还听到不停扇动翅膀的声音。喜鹊急急忙忙地飞回来，把所见所闻告诉狐狸，喜鹊自己也吓得胆战心惊。狐狸立刻召集森林中的动物开会，说："朋友们，我们大难临头啦！森林要毁灭啦！古树下面出现了个大怪物。目前，我们还没法看清怪兽的獠牙和鬼脸，也无法听到它的鸣叫和怒吼。不过，我可不想拿自己的生命当儿戏，我也奉劝各位，别拿自己的生命开玩笑！"狐狸的话音刚落，就夹起大尾巴，窜入密林深处逃命去了，其他动物也一窝蜂似的跟着他逃进了森林。

其实，那棵古树下并没有什么怪兽，一只大眼睛的猫头鹰在茂密的叶丛中栖息着。此时此刻的猫头鹰也感到莫名其妙，它不知为什么森林中的动物都惊恐地逃跑，也不知为什么森林变得死一般的沉寂。动物们都不能做到身体力行，不能探究问题的究竟，结果弄得自己惶惶不可终日。

孩子也是一样。孩子在日常的学习和生活当中会有许许多多的疑问。做家长的要意识到疑问是孩子求知的动力。犹太家长在孩子有了疑问的时候，先不忙着给孩子正确的答案，他们会因势利导，让孩子在疑问中探求事情的真相，借此启发孩子的探求欲望，这样，孩子的分析问题能力和解决问题能力将会得到加强。家长们都应该像犹太家长那样，鼓励孩子勇于尝试，让孩子不断提升自我。

命运掌握在自己手里

每个人的命运都掌握在自己手里。翻开那些成功犹太人士的奋斗史，我们总会看到：他们都是将自己命运掌握在自己手中，从自我做起，不断超越自己，而最终成就为强者。

在犹太社会中，个体的存在是高于家庭，乃至家族的存在的。但这并不是说家族的存在不重要。在个人的成功方面，家庭或家族并不是重要的因素，最重要的因素是自己，是个人的努力与奋斗。正是基于此种认识，我们才有马克思、弗洛伊德、奥本海姆、爱因斯坦等这样伟大的智慧头脑，而他们并没有来自一个显赫的家族，他们依靠的唯一是自己。就犹太商人而言，那些威仪四方，名震天下的巨贾富商们，更是白手起家，从无到有，不断积累，不断壮大自身实力，最终成为功成名就的代表。

所谓"天生我材必有用"，人来世间，都有各自的使命，唯有尽量发挥自己的优点，为人们服务，才能展现生命的妙用。

从前有位哲人，有一天，这位哲人的朋友告诉他："君主给了我一些大葫芦的种子，我把它们拿去种，长出来的葫芦果然很大，可以容纳5升的水，但是装满水后拿起来就破了。既然无法装水，我就把葫芦剖成两半当勺子，可是因为它太宽，深度又浅，所以也不方便使用。我一气之下就把它打破了。"这位哲人听了，惋惜地说："哎呀！多可惜，既然不能用来装水，那你为何不编一个网把葫芦网住，然后系在腰间，这样不就可以在水上载浮载沉、优哉游哉吗？多逍遥自在啊！若懂得使用它，它就是很好的东西，可惜你不会用，竟然把它毁坏了。"

这位哲人说的这番话，和人生的道理很相似，人各有优缺点，我们要了解自己的优点在哪里，尽量发挥它的妙用来为人们服务，这样的人生才有价值。所以，能够真正认识自己，才是最有用的人生。所谓"欲知人，先知己"，若不认识自己，只想了解别人，是本末倒置，也是很痛苦的事。想认识自己，就要反观自心，一定要多用心！

海伦·凯勒在1岁多的时候，因为生病，从此眼睛看不见，并且又聋又哑了。由于这个原因，海伦的脾气变得非常暴躁，动不动就发脾气摔东西。她家里人看这样下去不是办法，便替她请来一位很有耐心的家庭教师沙莉文小姐。海伦在她的熏陶和教育下，逐渐改变了自己的看法。她了解每个人都很爱她，所以她不能辜负他们对她的期望。她利用仅有的触觉、味觉和嗅觉来体会周围的环境，努力充实自己，后来又进一步学习了写作。几年以后，当她的第一本著作《我的一生》出版时，立即轰动了全美国。海伦·凯勒虽然遭遇不幸，但是她能克服不幸，完成大学教育。以后更致力于教育残疾儿童的社会工作，这种努力上进的精神，实在值得孩子们效法，海伦·凯勒真可算是个残而不废的人。海伦·凯勒能够不因残废而自暴自弃，反而更加努力上进，所以最后才有卓绝的成就。小朋友既聪明又健康，如果能够明白命运掌握在自己手里这个道理，那么他的未来一定是光明的。

美国连锁店先驱卢宾，最早也是一个穷光蛋。他17岁时随着"西部大淘金"的浪潮去加利福尼亚，但淘金并没有为他挣来多少钱。后来他做一些小商小贩的买卖，才开始赚一些钱。他的钱越赚越多，并且将自己的生意扩大到城市，直到发明连锁经营的方式。他的生意才越做越大，以至于像滚雪球一样，历经数年的时间，终于成了大富翁。

金融世家罗思柴尔德家族的第一代创始人迈耶·罗思柴尔德也是一个出生于德国法兰克福一条脏乱犹太街的穷小子。开始时他贩买古钱币，并苦苦经营了20多年，终于得到世人对古钱币的喜好而命运陡转，成了富翁，并最终涉身金融领域，一发不可收拾，最后成了威震欧洲乃至全球的金融大亨。

牛仔裤的创始人利维·施特劳斯，服装大王罗森沃德，美国电报大王萨尔诺夫，股票神人孔菲德等都是以自己为起点，白手起家，从一无所有，而最终成为富翁大亨的犹太人。

法国名画家纪雷有一天参加一个宴会，宴会上有个身材矮小的人走到他面前，向他深深一鞠躬，请求他收为徒弟。纪雷朝那人看了一眼，发现他是个缺了两只手臂的残疾人，就婉转地拒绝他，并说："我想你画画恐怕不太方便吧？"可是那个人并不在意，立刻说："不，我虽然没有手，但是还有两只脚。"说着，便请主人拿来纸和笔，坐在地上，就用脚指头夹着笔画了起来。他虽然是用脚画画儿，但是画得很好，足见是下过一番苦功的。在场的客人，包括纪雷在内，都被他的精神所感动。纪雷很高兴，马上便收他为徒弟。这个矮个子自从拜纪雷为师之后，更加用心学习，没几年的工夫便名闻天下，他就是有名的无臂画家杜兹纳。没有手竟然能成为画家，岂不是很不可思议吗？

这个故事告诉我们：每个人的命运都掌握在自己手里，只要有排除万难的毅力和恒心，你就能创造奇迹，做到别人所做不到的事情。

犹太家长也经常这样教育孩子。在他们的眼里只有自己的力量，其他的诸如家世显赫，门面堂皇之类的东西不过是与己无关的陪衬罢了。他们只相信自己的力量，认为自己的命运掌握在自己的手里，那种将个人的命运依靠在别人身上的人注定是要过悲悯的一生。那么具体而言，犹太家长普遍认为，要想让孩子们将命运握在自己的手心，要具备以下四点才行：首先，要确立自己人生奋斗的远大目标；其次，要具有自强不息的精神；再次，要有顽强的独立意识；最后，要在人生奋斗的旅程中，积极进取。如果孩子做到了这四点，那么他们就找到了掌握自己命运的金钥匙。

一分耕耘，一分收获

认真是做好任何事情的保证和前提。只有认真负责，通过艰苦细致的劳动才能达到理想的效果。

犹太人十分强调这一点。犹太儿童经常听家长讲这样一个故事。

柯比是一位木匠，他擅长砍削木头制造一种乐器，那时人们称这种乐器为镰。柯比做的镰，看到的人都惊叹不已，认为是鬼斧神工。柯比的君主闻听此事后，召见柯比问："你是用什么方法制成镶的？""我是个工匠，谈不上什么技法。"柯比回答说："我只有体会，在做镶时，从来不分心，而且实行斋戒，洁身自好，摒除杂念。斋戒到第3天，不敢想到庆功、封官、俸禄；第5天，不把别人对自己的非议、褒贬放在心上；第7天，我已经进入了忘我的境界。此时，心中早已不存在晋见君主的奢望，给朝廷制镶，既不希求赏赐，也不惧怕惩罚。"柯比在把外界的干扰全部排除之后，进入山林中，观察树木的质地，精心选取自然形态合乎制镶的材料，直至一个完整的镶已经成竹在胸，这个时候才开始动手加工制作。"否则，我不会去做！"柯比向君主详细介绍制镶过程后，继续说："以上的方法就是用我的天性和木材的天性相结合，我的镶制成后之所以能被人誉为鬼斧神工，大概就是这个缘故。"

这个寓言教育人们，要想成就任何事情，都必须专一、执着、忘我。柯比制镶虽然有些过分夸大精神作用，但是强调干事业精神专注、摒除杂念是非常重要的。

卡拉出任纽兰西镇的长官。有一天，他碰到他以前的学生奥莱，三句话不离本行，他与奥莱探讨治理地方、管理纽兰西的方法。卡拉和奥莱谈得很投机。卡拉讲到自己的治理经验，认为处理政务绝不能鲁莽从事，管理农民更不可简单粗暴。从治理之道又谈到种田之道，卡拉说自己曾种过庄稼。那时，耕地马马虎虎，无所用心，果实结出来稀稀拉拉；锄草粗心大意，锄断了苗根和枝叶，一年干下来，到了收获季节、收成无几。听了卡拉的讲述后，奥莱很关心地打听他以后的状况。卡拉吃一堑长一智，总结自己种田的教训，第二年便改变了粗枝大叶的态度。他告诉奥莱，从此他开始精耕细作，认真除草，细心护理庄稼，想不到当年获得好收成，一年下来丰衣足食。

有了种田的失败和成功，卡拉悟出一条道理，做任何事都贵在认真。现在他当镇长，便守住这条做人的准则。奥莱常常拿卡拉的事教育他人。一分耕耘，一分收获。种庄稼是这样，干其他任何事都是这样。作家长的要培养孩子凡事认真的态度，只有这样孩子才能有所作为。

让我想想

思维能力是孩子智力活动的核心，也是智力结构的核心，因而思维能力是孩子成才最重要的智力因素。思维能力也是孩子从小就开始发展的，它会让孩子更聪明、更胜人一筹。犹太人从孩子小时候就开始培养孩子的思维能力。

一个小学生在认真地做作业。这是一系列加、减、乘、除的四则应用计算题，难度相当大，特别那几个繁分数题，计算起来太繁杂。他额头上不知不觉地渗出细珠般的汗珠来了。正在这个时候，不知从什么地方来了一个微型机器人，手里提着火柴盒般的一台小箱子，一跳一蹦地来到小学生跟前，细声细气地冲他问："朋友，你在演算吗？""嗯，是——"小学生抬头看了看，立刻又低着头专心做作业了。他不愿分散注意力，爱理不理地嘟嚷一声了事。"你计算遇到了困难了吗？""唔，有点儿——"小学生不想回答，可又回答了。"那么，"细声细气的声音紧接着响起来。"我给你带来一台计算机了。""做什么？"小学生的声音显然很不高兴。"没什么，我是来帮助你的。"细声细气的声音倒是很和气，仿佛在赔不是似的。小学生还是怒气冲冲的："怎么帮助？帮助什么？……""这个你也知道，"细声细气的声音马上搭上碴儿了，"你何必苦思苦索啊，按几下我带来的计算机就得了。它帮助你，一下子把所有的题目全都计算出来了，而且正确无误，速度快，很容易。"余怒未息的小学生，粗嗓门说："不用，我不用计算机！""你不要我帮助？"机器人很失望地，说话声音也大了点儿。"不，不，"小学生摇摇头，"我不愿意，100个不愿意！我要的是'自力更生'！"后面四个字说得很响

147

很清楚。机器人吃惊地说："你，你，你要自己发明创造一台新的计算机？""嘻嘻！"小学生笑出声来。"计算机本来是人发明的，它作为人的工具、助手，人使用它，用它来工作，但它并不能代替人思考！你知道吗？"机器人细声细气的声音十分软弱无力，低声下气地说："那么，那么，那么计算机没有什么用处了？""人能思考，独立自主地思考一切。"小学生说着，指指自己的脑袋瓜，"我先要使用我自己的'计算机'，然后才能使用你带给我的计算机，不是吗？——不是你来帮助我，而是我来使用你！"机器人被小学生揭去了罩在身上的神秘的面纱，恍然大悟地说："喔，原来如此：我和计算机都不过是按照人指定的程序动作办事，怪不得我只能是主人要我做什么，我就做什么，自己六神无主地唯命是从！""哈哈，你明白这个道理就好。我相信依靠我自己不断地努力思考，是能把算术题全计算出来的，将来也能发明创造新的机器人和计算机的。"小学生放大了嗓门说话，但是很有礼貌地一字一顿地说："亲爱的机器人，再会吧！"

小朋友们应该欢迎人家帮助，也接受人家帮助——真诚友谊的帮助，可要让对方在自己努力的基础上来启发自己，帮助自己，最后仍要靠自己的力量排除障碍，克服困难的。要不，帮助反而养成依赖的坏习惯和不良的惰性。"这位小学生虽小，却能懂得这个道理，知道自己思考，这很值得孩子们学习。

"学而不思则罔，思而不学则殆。"意思就是说，只学习而不思考，就会迷茫无知，得不出结果；只思考而不学习，就会疑惑不解，也得不出结论，讲的其实就是思维的意义所在。培养孩子的思维能力并不仅是老师的事情，家长也有很多事情可以做，几乎可以说是随时随地都可以做到。思维是一项高级的智力活动，它有一定的规律可循，在实际操作中，可以多加利用。那么，究竟如何培养孩子的思维能力呢？犹太家长是这样做的：

1. 让孩子处在问题情景之中。思维是从问题的提出开始的，接着便是一个问题的解决过程，所以说问题是思维的引子，经常面对问题，大脑就会积极活动。当孩子爱提各种各样问题的时候，家长要跟孩子一起讨论、解释这些问题，家长的积极主动对孩子影响很大。如果遇到自己也弄不懂的问题，可以通过请教他人、查阅资料、反复思考获得答案，这个过程最能提高孩子的思维能力。孩子一两岁以后，就不像以前那么爱向家长提问题了，这时家长应该主动提出一些问题进行讨论。

2. 利用想象打开思路。想象力是智力活动的翅膀，为思维的飞跃提供强劲的推动力。因此，要善于提出各种问题，让孩子通过猜想来打开思路。牛顿从树上掉苹果而产生想象，进而研究出万有引力定律。某物理学家在评论爱因斯坦时说："作为一个发明家，他的力量和名声，在很大程度上应归于想象力给他的激励。"这些都从一个方面说明了想象的重要性。要孩子发挥想象并不难，关键在于家长随时随地的启发。比如，当看到自己车圆圆的轮子时，可以让孩子想象一下圆的轮子还可以用在什么上面。随便你提出什么需要想象的问题，孩子们的回答都可能千奇百怪，大大出乎你的预料，这个时候千万别嘲笑孩子的创意，打击他的积极性！

3. 要有丰富的知识与经验。孩子的知识越丰富，思维也就会越活跃，因为丰富的知识和经验可以使孩子产生广泛的联想，使思维灵活而敏捷。著名的化学家门捷列夫，他因制定了元素周期表而对化学研究的发展起到无法替代的作用，但他不仅仅是懂化学，还对物理、气象等科学领域都有涉猎，才能制定出元素周期表。孩子的阅读能力有限，家长要给孩子多买一些动画书、卡片等，还可以和孩子一起找动脑筋的故事，如寓言故事、科普性读物等，常常拿出来和孩子一起讨论。

4. 培养孩子独立思考的习惯。有的孩子遇到疑难问题，总希望家长给他答案；甚至有时候孩子还在自己思考的过程中时，家长就迫不及待地把答案告诉孩子了。虽然当时解决了问题，但从长远来说，对发展孩子智力没有好处。因为家长经常这样做，孩子必然依赖家长的答案，而不会自己去寻找答案，不可能养成独立思考的习惯。高明的家长，面对孩子的问题，应告诉孩子寻找答案的方法。也就是启发孩子，一个问题应该怎样去想、去分析，怎样运用自己学过的知识和经验，怎样看书，怎样查参考资料等。当孩子自己得出答案时，他会充满成就感，思维能力提高而且产生新的动力。

5.讨论、设计解决实际问题的思路。在孩子的生活、学习中，在家庭生活中经常出现各种各样的问题需要解决。家长应引导孩子并与孩子一起共同讨论、设计解决问题的方案，并付诸实施。这个过程中，需要分析问题、归纳问题，需要推理，需要设想解决的方法与程序。这对于提高孩子的思维能力和解决实际问题的能力大有好处。

法则 *15*

学习：

孜孜以求的探索

每个人都是你的教师

成功的方法不能复制，不同的人有不同的发展环境和机遇，但绝大多数真正的成功者都有共同的特点——善于寻找生活中的榜样，学习和借鉴他们的经验。

杰弗逊17岁时就读于威廉与玛丽学院，学习成绩非常优秀，特别是在历史和语言方面。此外，他对农艺、数学和建筑学等也有浓厚的兴趣。后来他自行设计的蒙蒂塞洛宅邸，既具有传统的古典式建筑风格，又有自己独特的特点，堪称当时美国第一流的建筑，至今仍是美国最值得赞赏的乡间府第之一。

杰弗逊出身贵族，他的父亲是军中的上将，母亲也是名门之后。当时的贵族除了发号施令以外，几乎不与平民百姓交往。但杰弗逊没有秉承贵族阶层的恶习，而是主动与各阶层人士交往。他的朋友中当然不乏社会名流，可更多的是普普通通的仆人、园丁、农民或者贫穷的手工业者。他的优点便是善于从各种人身上学习，因为他知道每一个人都有自己的长处，都有金子般发亮的东西。

杰弗逊仪表堂堂，谈吐生动，富于朝气，喜爱社交。他善于演奏小提琴，常有机会在总督府与一些比他年长很多的社会名流一同演奏古典乐曲。杰弗逊跻身于这些名流之中，经常同他们交谈，获益匪浅。

有一次，他还劝说法国伟人拉法叶特："你必须像我一样到普通民众家去走一走，尝一尝他们吃的面包，看一看他们的菜碗。只有你亲自这样做了，你才会了解到民众不满的原因，并会懂得正在酝酿的法国大革命的意义了。"

不耻下问，善于学习是杰弗逊的过人之处，他也因此比其他的领导者更清楚民众到底在想什么，到底最需要什么，这也是他成为一代伟人的原因所在。

不论是做学问，还是做人，都要善于向每个有专长的人学习，向含有真知灼见的任何一本书、任何一种见解学习。那种"我比我周围的人都聪明，因此我完全不用理会别人说什么"的想法是错误的。学习是一个非常广泛、综合的内容，每个人都有自己的优点与弱点，你可以向每一个人学到很多东西，要看到每个人的长处、取人之长补己之短。

林肯是美国人心目中最有威望的总统。说起林肯，谁都知道他的父亲是一个庸碌无为而且目不识丁的木匠，他的母亲也是平庸的家庭主妇。那么林肯怎么会有那么卓越的领导和管理才能呢？人们一定会认为林肯受过良好的教育和训练。事实并非如此，不少美国人都知道，林肯所受的教育是极不完整和正规的，他一生中只上过几天的学校而已。在他被选为国会议员后，自己也曾对众人承认过这一点。

那么谁是林肯的老师呢？答案就是在肯塔基州森林地带数位巡游的村儒学究，是他们在无意之中帮助了林肯得到长进。

林肯的教师还包括伊里诺州第八司法区的许多人。他曾每天和许多农夫、律师、商人商讨着国家大事和世界上发生的事情，从他们身上学习到很多知识和道理。林肯成功的秘诀就是：每个人都可能做他的教师。

犹太父母教育孩子说，老师和同学，乃至周围的每一个人都可能成为请教的对象，对青年人而言，其实没有哪一个环境是所谓的好环境，也没有哪一个人是唯一的所谓好老师，只有不断变化的环境才是你最好的环境，也只有不断地向不同的人学习才是你最好的老师。

书是人类的朋友

犹太人重视学问、重视智慧、重视教育，在这些文化传统的影响下，以"书的民族"著称的犹太人对读书有一种特殊的爱好。

古时候犹太人的墓园常常放有书本，说是在夜深人静时死者会出来看书。当然，它还象征着生命有结束的时候，求知却无止境。犹太人家庭有一个世代相传的习俗，那就是书要放在床头，要是放在床尾，就会被认为是对书不敬。

犹太人自己热爱读书、教导孩子读书的同时，还经常把世界上成功人物的爱书故事讲给孩子们听。比如列宁小时候的教育：列宁的父母力求使孩子们从小养成读书的习惯。爸爸向孩子们提供了适合不同年龄阅读的书籍，订阅了各种儿童读物。他们家里的图书馆有很多藏书，孩子们还从市图书馆借阅各种书籍。书是列宁父母促使孩子智力发展的最主要的手段，它以各种各样的新知识丰富了孩子们的头脑。

流散各地的犹太人，不仅仅是出于对宗教的狂热而研读圣书经文，而是把掌握知识视作谋生的手段与资本。即使是一本攻击犹太人的书，犹太人也不禁书。犹太人爱书的传统由来已久，深入人心。在现在的以色列，处处都体现了犹太人嗜书如命的特点。

据联合国教科文组织最新的统计数字表明，以色列每年出版的图书达2000种以上，其中不包括教科书和再版书，14岁以上的公民平均每月读一本以上的书。全国的大学图书馆和公共图书馆共1000多所，平均每不到4000人就有一所公共图书馆。在全国450万居民中，办借书证的就有100多万。在以犹太人为主要人口的以色列，在人均拥有图书馆、出版社和每年人均读书的比例上，以色列是世界之最，超过世界上任何一个国家，包括那些发达国家在内。此外，以色列出版的各种刊物达890多种，报纸有29种。在街头的报刊亭里，每天都可以买到当天出版的《泰晤士报》、《纽约时报》、《世界报》等西方各大报纸。

总之，犹太民族是名副其实的"知识的民族"、"书的民族"。正是在这种爱书如命、刻苦求知的优良风尚的滋养下，犹太人形成了独特的教育观。

热爱读书的同时还要讲究方法。犹太人阿尔伯特·爱因斯坦（1879—1955）是世界著名的物理学家，相对论的创立者。被誉为"20世纪的哥白尼"、"伟大的自然科学的革新家"，他就很注意读书方法的选择，选用"淘金式"读书方法。

　　爱因斯坦的"淘金式"读书方法的实质在于：在所阅读的书本中找出可以把自己引到本质的东西，而放弃使头脑负担过重和会使自己诱离要点的一切东西。

　　曾有人问爱因斯坦不锈钢的成分是什么，他建议那个人去查《冶金手册》；有人问爱因斯坦从芝加哥到纽约有多少英里，他说："实在对不起，我记不住那么多，你可以去查《铁路交通》。"爱因斯坦说："我从来不去记辞典上已有的东西。"显然，爱因斯坦有着丰富的阅读经历，但他更乐意去粗取精地把握书本的要点，对一般知识只记住其来源和出处，而把主要精力放在透彻理解重点知识上，放在记忆实质性问题上，放在独立思考和革新创造上，就好像记住了书的目录一样。

　　爱因斯坦说他获得的知识主要是靠自己获得的，热衷于深入理解，但很少背诵。有一次，爱因斯坦读到一本装帧十分精美的几何教科书，立刻就将书中的精华部分清晰地讲了出来。有人十分钦佩他读书的本领，便向他讨教读书的秘诀，爱因斯坦说："我只是抓住了书的骨头，抛掉了书的皮毛。"

　　如果你的孩子发现读书是一种有趣而且顺利的体验，那你更应当在他心中植入读书的欲望。你应该每天或每周数次念书给孩子听，并形成定时读给他听的习惯。并且选择有趣味性的书给孩子看，比如那些惹人喜爱的有漂亮插图的图书。孩子们喜欢有人物、场景以及他们熟悉的事物的图画和照片。同样，他们也喜欢动物图片。童话故事对孩子们来说是很有魅力的。理论显示它们是有效的工具，可以帮助孩子们在认识世界时免受伤害，并认清现实和虚幻之间的差异。此外，童话故事还能促进孩子们的抽象思维和创造性思维能力。

在给孩子挑选图书时，当代的犹太人通常注意以下几点：

首先，给孩子们看的书篇幅必须简短，几页而已，因为孩子的注意力只能集中一小段时间。另外，这些书应有较大的插图，文字部分较少。孩子们大多喜欢那些有插图但是没有文字的图书。

要确保书里的文字部分人容易理解。一本字号印得很大的书看起来简单，但却有可能包含难字、僻字，所以做父母的事先要把它浏览一遍，看看你的孩子是否能够理解接受里面的文字。

在读书给孩子听时，尽量把气氛搞得很轻松愉悦，这样他们会从中体会到更多乐趣。朗读时，让手指在你读过的字下移动，但不要强迫孩子跟随你的手指读字或者看这些字。

让他们猜测下一步将要发生什么，鼓励孩子注意图画中的事物。并且当他们这样做时，给予表扬。如果孩子要求的话，重复阅读某些书，一本他特别喜爱的书可以反复读给他听。

判断孩子是否对某个问题感兴趣的最好方法是：看他是否常常谈到它，或看他有多少次能够自发地重看他最喜欢的书。当孩子表示出他要读书时，给他一些他熟悉喜爱而又能"读"的书，即使他已经记住了书里面的文字。以后当他在其他书里再看到这些熟悉的词汇时，他就能知道它们的意思了。还要给孩子准备一些新书，这些书里的故事最好有一定的反复性，而且再三出现相同的词汇，要特别注意书的多样性。

即使孩子已经能够自己阅读也不要停止读书给他听。有你与他一起度过这段亲密时光，他仍然会从中得到很多快乐。同时父母还要教导孩子爱惜书籍，保持书的整洁、美观，不让他们乱涂乱画。把书放在孩子房间里低矮的书架上以便于他们翻阅。

无时无刻不在学习

成功需要成本，时间也是一种成本，对时间的珍惜就是对成本的节约，而时间最有效地利用就是在学习上。

居里夫人，作为一位杰出的女科学家，在仅隔8年的时间内就分别摘取了两门不同学科的最高科学桂冠——诺贝尔物理学奖与诺贝尔化学奖，并且在一生中获得了难以计数的其他科学殊荣，可谓是技艺超群、硕果累累。她的长女伊伦娜，核物理学家，与丈夫约里奥因合作发现人工放射性物质共同获得诺贝尔化学奖；次女艾芙，是一名音乐家和传记作家，她的丈夫曾于1965年以联合国儿童基金组织总干事的身份接受瑞典国王授予该组织的诺贝尔和平奖。作为一名普通的母亲，居里夫人十分注意充分利用一切时间与机会培养和教育自己的子女。

居里夫人一生科研工作都十分繁忙，然而她很善于抓紧时间对子女进行早期教育，并善于把握孩子智力发展的年龄优势。比如，居里夫人在女儿不到1岁时，就让她们开始所谓的"幼儿智力体操"训练，带她们到公园去看绿草、蓝天、白云，看色彩绚丽的各种植物和人群；让她们广泛接触生人，到动物园看动物，让她们与小猫玩；让她们到水中拍水，使她们感受大自然的美景。孩子大了一点后，居里夫人又开始了一种带艺术色彩的"智力体操"，给孩子讲童话，教孩子唱儿歌。再大些，就开始智力训练和手工制作，如数字的训练，字画的识别，还教她们作画、弹琴、做泥塑，让她们自己在庭园栽花、种菜等，并抽出时间与她们散步，在散步时给她们讲许多关于动物和植物的趣事，如种子是怎样在花里长成的，小老鼠和鼹鼠是怎样打洞的，哪里能找到兔子窝等。她还教孩子骑车和烹调等。

居里夫人的教育都力求从实物开始，并且每天更新，以提高孩子的兴趣。全方位幼儿早期"智力体操"的训练，抓住生活中每一分钟的时间，不仅使孩子智力得到了开发，同时也培养了孩子的各种能力，增强了孩子的自信心，锤炼了孩子的性格。

精明的犹太人不仅在经商时考虑投资、成本，在日常生活中更是教育孩子凡事都要考虑投入与产出。他们教育孩子珍惜时间，要善于利用零碎时间。他们从来不认为半小时是微不足道的一段时间。一个人如果认识到学习的重要，看到自己水平不高，感到时间的紧迫，就会自觉地去利用零碎时间。零碎时间最好用来学习自己最喜欢的学科，以吸引自己的注意力。

18世纪俄国有一位杰出的科学家叫罗蒙诺索夫，他生长在俄国北方的一个渔村，是一个渔民的儿子。他8岁丧母，10岁时父亲又娶了继母，从此他从早到晚在咒骂声中度过，整天干着繁重的家务活。凶狠的继母只要看见小罗蒙诺索夫手里拿着书本，就立即上前夺过来，撕个粉碎。可怜的小罗蒙诺索夫只好趁夜深人静的时候，一个人悄悄躲到屋后的一间板棚里，靠着一支蜡烛的微弱光亮，如饥似渴地读书。

有一次，罗蒙诺索夫和父亲一起出海打鱼。突然间，狂风怒吼，海上掀起了巨浪，帆船在海中颠簸起来。就在这千钧一发之际，小罗蒙诺索夫勇敢地爬上了摇摇晃晃的桅杆，迅速地扎起了吹脱的帆篷。帆船安全了，继续平稳地行进。

父亲为了奖励他，要给他买一件鹿皮上衣，但是被他拒绝了，而是只要父亲给他买一本讲授自然知识的书。他要去探索天空、陆地和大海的奥秘所在。得到这本书后，他更是抓紧点点滴滴的时间阅读。

1730年，罗蒙诺索夫从家乡来到莫斯科，想求学读书。但在沙俄时代，渔民的儿子是没有读书的权利的。一个偶然的机会，他遇见了同乡的已经做书记官的杜季科夫。以后，他就在书记官家里当佣人，并教书记官的儿子识字。

有一天，瓦尔索诺菲神父来到杜季科夫家里，听了罗蒙诺索夫不远千里、长途跋涉来求学的倾诉后，感到十分惊奇，深表同情。于是，瓦尔索诺菲决定隐瞒罗蒙索诺夫的出身，保举他上扎伊科罗帕斯基学校。

罗蒙诺索夫得到了读书的机会，就像鱼儿得水一样。他仅仅用3个月的时间就完成了别人要学一年的课程，一年内连跳三级。在俄国圣彼得堡科学院选拔学生的严格考试中，罗蒙诺索夫的总分名列第一。

但在这时，同为老乡的书记官杜季科夫告发了瓦尔索诺菲神父隐瞒罗蒙诺索夫的出身的真相。神父受到了严厉的谴责，而罗蒙诺索夫则要被发配到边远地区的修道院去服苦役。

在宣布了对他的惩罚结果之后，官员们征求罗蒙诺索夫还有什么话要说，他用低沉有力的语调说："我的家乡是一个艰苦的地方。我是一个渔民的儿子，有勤劳的双手，艰苦的生活对我并不可怕。从记事起，我就习惯在冰天雪地上听着暴风的吼叫读书，我并不害怕那恶劣的天气。现在我怕的并不是那艰苦严峻的生活，而是不能再学习和认识自己迫切想要了解的世界。对我来说，如果不再学习的话，还不如让我死去。"

这一番感人肺腑的话，使全场的人都激动起来。

就在这时，科学院代表突然站起来，大声喊道："我代表圣彼得堡科学院宣布，科学院从你校录取的第一名学生就是罗蒙诺索夫！"

罗蒙诺言索夫在科学院认真学习了一年，又因成绩优异被送往德国留学。

他孜孜不倦的追求，终于使他成为伟大的哲学家、科学家和诗人。他的伟大业绩不仅为俄国人民所敬仰，同时，也给全世界的科学事业增添了光辉的一页，激励着全世界的人们。人们从他身上学到的不仅仅是顽强的意志，还有珍惜时间，抓住点点滴滴的时间，分秒必争的学习精神。

当代父母在教育孩子时，要注意将学习与游戏、生活相结合，抓紧每一分、每一秒的时间，寓教于乐，让学习变得生动有趣，不再枯燥。

兴趣是最好的老师

幼年阶段对周围事物发生浓厚的兴趣，可能是终生成就的能源。兴趣是最好的导师，兴趣正是儿童对某种事物的欲望，只要有了欲望，你就会从内心的深处去争取喜欢的事物，才会不知疲惫，感到快乐。

发明轮船的富尔顿，出生在一个贫苦的农民家庭。14岁的时候，他对制炮很感兴趣，并和一个造炮工人结为朋友。他们时常同坐一条小船，到河里去钓鱼。河水流得很急，船在逆水行进的时候，只靠一根竹篙撑动，又缓慢，又费劲。

一次一次的劳累使爱用脑子的富尔顿思索起来：能不能制造一样东西来帮人划船，既省了力气，又可节省时间？这个从生活需要所激发的创造火花，一天到晚都像影子一样跟随着他。父母时常看到他在发呆，其实他正在煞费苦心地捕捉创造的灵感，决心把这个既像是玩具又像是机器的东西设计出来。但只停留在想象阶段是没有用的，后来他又一头钻进舅舅家的工棚中——那里什么工具和材料都有，富尔顿可以随着兴趣施展自己的本领。

富尔顿一鼓作气地干了7天，带回家一件新奇的玩意，所有人都不明白它的用处。富尔顿不慌不忙地又到那一条湍急的小河中，把那件东西装在小船上，先用手摇动几下，接着就听到突突突的声音响起来了，人们在船上也感觉到船的抖动，船尾有一股被搅动的浪花翻滚着。奇怪，今天再也不需要用竹篙划船了，它却走得比往日快那么多！伙伴们围着含笑的富尔顿欢呼起来。那一件使大家惊奇得喊不出名字的东西，就是现在汽船上的轮子！

后来，富尔顿不断地设计创新，不断地摸索改进。终于使他成为有史以来第一个创造轮船的人。

富尔顿幼年时的兴趣，启发引导他创立了自己终生从事的奋斗目标，并艰苦卓绝地为之奋斗。可见，兴趣是最好的老师。

犹太人认为，世人往往对自己的兴趣不了解，大众的行为往往会误导个人去寻找不适合自己的事物。所以要做一个独立的人，不要随大流。

后来成为科普作家的法布尔原本是个教师，在长期的业余研究中，他积累了大量丰富的观察记录和心得体会，写成了闻名全球的《昆虫记》一书。法布尔觉得种族众多的昆虫王国，是一个比人类社会还要有趣的世界。有史以来，这个神奇的领域几乎无人认真地探索过它的奥秘，但他想要做第一个！法布尔常常来到校园的一角，蹲在那里观看黄蚂蚁与黑蚂蚁打仗！他常常不知不觉地趴在草地上，静静地以一个观察员的身份，眼巴巴地盯着双方阵容的变化。蚂蚁是用接吻来传递信息的，它们带着互相厮斗的勇猛劲头，顽强拼杀直到援兵大队的匆匆赶来……真是趣味无穷！法布尔对昆虫的业余研究，有效地促进了他所教授的生物课，博得了师生的一致好评和钦佩。

还有苏联的生物学家米丘林，原本是个铁路职工，收入微薄。为了能够拥有一块种植果树的园地，就节衣缩食地过日子，日积月累，好不容易租种了一块贫瘠的荒土，种上各种各样的果树，作为科研的基地。这时的米丘林才十七八岁。他顶着寒风翻地，培育了许多色美味香、果肉丰满的新品种，创立了自己的园艺学体系。兴趣的力量使他成为苏联和全世界的著名的园艺人才。

实践是检验真理的唯一标准。亲身经历是非常重要的，只有亲身经历过，我们才能够获得经验，而随着经验而来的则是价值非凡的知识。回忆自己的亲身经历，了解自己的成败得失，有助于我们了解自己的优点和弱点，在制定人生大目标的时候，知道自己的兴趣所在，扬长避短。如果你在全市音乐比赛中一举夺冠，或者在校园编程大赛中荣获第一名，那么你绝对有实力成为歌唱家或电脑奇才。

犹太父母还反复教育孩子：人们往往在失败时，过低估计自己的实力。其实失败的时候，你应该努力分析这件事你做成功了哪些部分，而这几部分正是实践的结果，你要相信自己的实力。当然，失败正说明你能力还不够，需要继续努力，但千万不要以成败论英雄。要由兴趣出发，设立远大目标。如果爱玩电脑，你可以追求成为下一个比尔·盖茨；如果喜欢游泳，你可以立志成为游泳运动员；如果看重金钱，你可以学习企业管理，成为一个犹太商人一样精明的企业家。

没有教育，就没有未来

没有教育，就没有未来。

在建立教育体系的过程中，犹太人高度重视免费义务教育。在犹太历史上，多次记载着为穷苦孩子免去学费的事情。大拉比希雷尔年轻时享受的就是这种待遇。从希雷尔以后，在犹太人中间就有了一条不成文的规定：遇到像希雷尔那样贫穷而又渴求知识的学生，在条件许可的情况下可免交学费，享受免费义务教育。

"没有教育，就没有未来"，这是以色列开国元勋本·古里安的名言。在犹太人的传统中，文化教育和宗教始终占据着举足轻重的地位。每个犹太人都认为，人的一生有三大义务，而教育子女是第一位的。

《圣经·箴言》中明确地告诫以色列人要把教育儿童作为毕生最重要的事情，如："我儿，要听你父亲的训诲，不可背弃你母亲的教导。"父亲要给子女的教诲，就是智慧之言"；《圣经·申命记》中也多次提到"要告诉你的儿女们"。第六章中还说："听着，以色列耶和华，我们的上帝是唯一的主，你要尽心尽性，尽力爱耶和华——你的上帝。我今日所吩咐你的话，须铭记在心。也要殷勤教训你的儿女，无论你坐在家里，行在路上都要谈论它们。"犹太人之所以如此强调父母对子女的指导与教海，是因为他们很早就意识到了平和、虔诚、优雅的个人性格是后天教育的结果。

根据犹太经典《密西拿》的规定，儿童从6岁开始就要学习《圣经》，10岁起学习《密西拿》，13岁开始学习犹太戒律，15岁要学习《革马拉》。19世纪，犹太教育的突出现象是，东欧不少地区形成了律法研究中心，兴办了大量的经学院。在这些经学院中开始划分年级，成绩优异者可以继续学习，终身研究，成为犹太经典的专家拉比。

俄国犹太人一直有热衷于教育的传统。在苏联，犹太人的教育水平超过了其他任何民族。据1920年的统计，当时俄国犹太人只有29.6%处于文盲、半文盲状态，远远低于其他民族。而且，由于对高等教育的渴求和得天独厚的机遇，他们大量地进入大学和各类技术学院。到1929年，在俄罗斯的经济和医学学院中，犹太学生占学生总数的60%以上。在苏联解体前，即20世纪七八十年代，犹太人接受大学教育占全部犹太人的2/3，而苏联其他民族中上大学的人口仅占全部人口的1/4。

在俄罗斯的许多犹太社团里，人们都把接受教育看成是最自豪且值得夸耀的事情。希伯来语启蒙作家亚伯拉罕·帕佩纳在他的自传体作品里，详细地记录了在尼古拉一世统治下的一个俄国小城市里犹太人重视教育的现象。科皮尔这座小城市缺少现代化学校，连一所国立或公立的世俗学校也没有。基督徒居民全部都是文盲，可是犹太人却办起了大量的学校。当时，科皮尔共有3000居民，其中包括白俄罗斯人、鞑靼人和犹太人。犹太人数量最少。所有4至30

岁的犹太男子都在传统的男子小学校学习。虽然没有规定女孩子必须受教育，但她们大多数都能朗诵祷词，阅读《托拉》的意第绪文译本。

在科皮尔，有位犹太父亲为了送自己的孩子上学，不惜倾家荡产。不少穷人为了缴纳学费卖掉自己仅有的枕头或最后一个枝形灯架。科皮尔的犹太人中没有一个文盲，即使那个为浴池烧火和担水的梅尔克——一个智障的水夫也懂些祷词，能够一字不差地背诵对《摩西五经》的祝词。

《塔木德》上指出：如果学习是最高的善，那么，创造有利于学习的机会与环境便是仅次于学习的善。因此，许多犹太社团都把教育投资看成一种责无旁贷的责任与义务。

美国犹太人人口中受过高等教育的人所占的比例，是整个美国社会平均水平的5倍。在现代社会中，这种重视教育、善于学习的回报就是知识和金钱。所以，每一位年轻的父母请重视对孩子的教育，这不仅是你对孩子的责任，更是你应尽的义务。

法则 16

幸福：

心中的秘密花园

大海里的船

在大海上航行，没有不受伤的船。

英国劳埃德保险公司曾从拍卖市场买下一艘船，这艘船原属于荷兰福勒船舶公司，它于 1894 年下水，在大西洋上曾遭遇 138 次冰山，116 次触礁，13 次起火，207 次被风暴扭断桅杆，然而它从没有沉没过。

劳埃德保险公司老板犹太人劳伦斯基于它不可思议的经历及在保费方面带来的可观收益，最后决定把它从荷兰买回来捐给祖国以色列。现在这艘外壳凹凸不平，船体微微变形的船就停泊在以色列国家船舶博物馆里。

不过，使这艘船名扬天下的并非劳埃德公司，而是一名来观光的犹太律师。当时，他刚打输了一场官司，委托人也在不久前自杀了。尽管这不是他的第一次失败辩护，也不是他遇到的第一例自杀事件，然而，每当他遇到这样的事情，他总有一种负罪感。他不知该怎样安慰这些生意场上遭受了不幸的人，这些人有的被骗，有的被罚，他们或血本无归，或倾家荡产，也有的因打输了官司，落得债务缠身。

当他在萨伦船舶博物馆看到这艘船时，忽然有一种想法，为什么不让他们来参观参观这艘船呢？于是，他就把这艘船的历史抄下来，和这艘船的照片一起挂在他的律师事务所里，每当商界的委托人请他辩护，无论输赢，他都建议他们去看看这艘船。据英国《泰晤士报》说，截止到 1987 年，已有 1230 万人次参观过这艘船，仅参观者的留言就有 170 多本。

我们大多数人没有去过以色列，也不知道这些参观者在留言簿上写了些什么，但有一点我认为似乎是不能少的——那就是，在大海上航行的没有不带伤的船。

在大海上航行，没有不带伤的船。在生命旅行中，没有不受伤的心！我们的家长应当用这艘船的故事告诉孩子：坚持住，不要沉没。

机会的种子

世界上没有十全十美的事物，而你手中已经拥有的或许就是最好的。

上帝给两个犹太人各一粒种子，并许诺说："3 年后，谁培育出人间最大的花朵，以至我在天堂都能够观赏，谁就能获得飞翔的机会。"

甲立即揣着种子出发。他发誓要找到世界上最肥沃的土壤，最优良的气候条件。

乙没有出发。因为他觉得脚下的土地蛮不错，随手将种子种入土中。

两年过去了。甲走遍天涯海角，但始终没有找到合适的土地，因为再好的土地都有些可疑，似乎仍有更好的土地在遥远的地方召唤他。因此，他的那粒种子一直揣在怀中，无处发芽。

而此刻乙所在的地方，已是漫山遍野的花朵了。这些花朵形态各异，多姿多彩；虽然没有一朵堪称大花，但乙不感到失望，因为种花本身的乐趣令他欣喜不已，充满创意，他更加投入这项工作了。

第三年春天，上帝站在天堂的大门边，看见人间有一朵硕大无朋的花，乙正在忙忙碌碌。上帝还看见甲依然揣着种子到处奔波，像个投机分子。

这时候，乙感觉自己身轻如燕，飘飘欲仙。

他抬头看见上帝的微笑，赶忙说："上帝呀，请原谅，我不再想飞！"上帝感到惊诧："难道这不是你种花的初衷吗？"

乙说："当初，我的确是为了飞翔的欲望而种花，并为此漫天撒种；不料机会的来临竟如此简单而主动，它也因此在我眼中失去原有的分量；现在，我更重视种花本身，因为它是飞翔之母，它高于一切机会和欲望！"

当你千方百计地寻找机会时，机会也在千方百计地寻找别人；幸福和成功是虚掩的一扇门，你努力、奋斗就能够开启幸福和成功的大门；选择正确的事业以后就要脚踏实地的工作，不去行动，就不会有半点机会。

如何生活由你自己决定

要教育孩子懂得为他人服务。

有一对住在达拉斯富有的犹太夫妇，他们常为如何教导他们的孩子们服务他人而烦恼。孩子们已习惯要什么有什么，接受他人的服务，至于服务他人，那简直是中古时代甚至像火星那样遥远的事。做父亲的开始明白这一点时已太晚，但没什么，总比完全不开始要好得多！

于是孩子的父母准备了一个特别的活动。假期开始前一周，他告诉全家："这次感恩节我们要做点不一样的事。"

几个十几岁的孩子立刻坐直，因为通常在这种情形下，父亲会告诉大家一些特别有趣的活动，例如：到巴拿马群岛去玩小艇拖曳的降落伞等。但这次却不一样。

"我们一起到救济中心去，"他说，"去侍候穷人和流浪者吃感恩节晚餐。"

"我们要做什么？"

"得了，爸，你在开玩笑，是不是？告诉我们你在开玩笑。"

他没有。由于他的坚持，孩子们一起去了，但路上孩子们并不很高兴，他们很奇怪父亲怎么会做出这样的决定——到救济中心服务他人！若是朋友们知道会怎样想？

但是当天发生的事完全出乎了孩子们的预料，之后也无人能想到有哪一天会比那天更美好。他们在厨房忙来忙去，把火鸡和调味料捧上餐桌，切南瓜派，添了无数杯咖啡。他们在小孩子们面前扮小丑，听老人家说许久以前和遥远的感恩节故事。

父亲看到自己孩子的举动简直开心极了。几周后，孩子们提出了要求："爸……我们想回去救济中心侍候圣诞节晚餐！"他们去了。如同孩子们所盼望的。在那里遇见感恩节时认识的一些人。他们尤其记得一个有着特殊需要的家庭。当这家在吃饭的行列中出现时，他们高兴极了。

从那时起，两家人有过数次接触；原本娇生惯养的孩子不只一次卷起袖管，侍候达拉斯最贫穷的家庭之一。

这家庭发生了既明显又微妙的改变，孩子们不再以为凡事皆理所当然，父母亲发觉他们变得更认真、更负责任。是的，虽然晚了一点，但那总是一个开始。

什么是幸福的人生

幸福其实并不遥远，就在你身边，触手可及。

有一个美国商人坐在红海海边一个小渔村的码头上，看着一个犹太渔夫划着一艘小船靠岸。小船上有好几尾大黄鳝，这个美国商人对犹太渔夫能抓这么高档的鱼恭维了一番，还问要多少时间才能抓这么多。

犹太渔夫说，才一会儿工夫就抓到了。美国人再问，你为什么不待久一点，好多抓一些鱼？

犹太渔夫听了，觉得不以为然：这些鱼已经足够我一家人生活所需啦！

美国人又问：那么你一天剩下那么多时间都在干什么？

犹太渔夫解释：我呀？我每天睡到自然醒，出海抓几条鱼，回来后跟孩子们玩一玩，再跟老婆睡个午觉，黄昏时晃到村子里喝点小酒，跟朋友们玩玩吉他，我的日子可过得充实又忙碌呢！

美国人不以为然，帮他出主意，他说：我是美国哈佛大学企管硕士，我倒是可以帮你忙！你应该每天多花一些时间去抓鱼，到时候你就有钱去买条大一点的船。自然你就可以抓更多的鱼，再买更多渔船，然后你就可以拥有一个渔船队。到时候你就不必把鱼卖给鱼贩子，而是直接卖给加工厂。然后你可以自己开一家罐头工厂。如此你就可以控制整个生产、加工处理和行销。然后你可以离开这个小渔村，搬到犹太城，再搬到洛杉矶，最后到纽约。在那里经营你不断扩充的企业。

犹太渔夫问：这要花多少时间呢？

美国人回答：15 到 20 年。

然后呢？

美国人大笑着说：然后你就可以在家当皇帝啦！时机一到，你就可以宣布股票上市，把你的公司股份卖给投资大众。到时候你就发财啦！你可以几亿几亿地赚！

然后呢？

美国人说：到那个时候你就可以退休啦！你可以搬到海边的小渔村去住。每天睡到自然醒，出海随便抓几条鱼，跟孩子们玩一玩，再跟老婆睡个午觉，黄昏时，晃到村子里喝点小酒，跟朋友们玩玩吉他啰！

犹太渔夫疑惑地说：我现在不就是这样了吗？

人的一生，到底应该追求什么？舍得放弃是一种超脱，当你能够放弃一切无谓的忙碌，做到简单、从容、快乐的活着的时候，你人生中的那道坎也就过去了。你就拥有了一个幸福的人生。

钻石就在我们的身边

每个人都拥有钻石宝藏，那就是你的潜力和能力。

古犹太国有个年轻的国王，他既有权势，又很富有，但却为两个问题所困扰，他经常不断地问自己，他一生中最重要的时光是什么时候？他一生中最重要的人是谁？

他对全世界的哲学家宣布，凡是能圆满地回答出这两个问题的人，将分享他的财富。哲学家们从世界各个角落赶来了，但他们的答案却没有一个能让国王满意。

这时有人告诉国王说，在很远的山里住着一位非常有智慧的老人，也许老人能帮他找到答案。

国王到达那个智慧老人居住的山脚下时，他装扮成了一个农民。

他来到智慧老人住的简陋的小屋前，发现老人盘腿坐在地上，正在挖着什么。"听说你是个很有智慧的人，能回答所有问题，"国王说，"你能告诉我谁是我生命中最重要的人？何时是最重要的时刻吗？"

"帮我挖点土豆，"老人说，"把它们拿到河边洗干净。我烧些水，你可以和我一起喝一点汤。"

国王以为这是对他的考验，就照他说的做了。他和老人一起待了几天，希望他的问题能得到解答，但老人却没有回答。

最后，国王对自己和这个人一起浪费了好几天时间感到非常气愤。他拿出自己的国王玉玺，表明了自己的身份，宣布老人是个骗子。

老人说："我们第一天相遇时，我就回答了你的问题，但你没明白我的答案。"

"你的意思是什么呢？"国王问。

"你来的时候我向你表示欢迎，让你住在我家里。"老人接着说，

"要知道过去的已经过去，将来的还未来临——你生命中最重要的时刻就是现在，你生命中最重要的人就是现在和你待在一起的人，因为正是他和你分享并体验着生活啊。"

有个农夫拥有一块土地，生活过得很不错。但是，他听说要是有块土地的底下埋着钻石的话，他就可以富得难以想象。于是，农夫把自己的地卖了，离家出走，四处寻找可以发现钻石的地方。农夫走向遥远的异国他乡，然而却没发现钻石，最后，他囊空如洗。一天晚上，他在一个海滩自杀身亡。真是无巧不成书！那个买下这个农夫土地的人在散步时，无意中发现了一块异样的石头，他拾起来一看，晶光闪闪，反射出光芒。他拿给别人鉴定，才发现这是一块钻石。这样，就在农夫卖掉的这块土地上，新主人发现了从未被人发现的最大的钻石宝藏。

每个人都拥有钻石宝藏，那就是你的潜力和能力。你身上的这些钻石足以使你的理想变成现实。你必须做到的，只是更好地开发你的"钻石"，为实现自己的理想不断地付出辛劳。珍惜现在要比期望未来要重要得多，生活给予我们的实在太多了，可惜大多数人都不懂得珍惜。钻石就在我们身旁，关键是我们要有一双发现生活，发现钻石的慧眼。

最不起眼的地方

平常的事物里，往往隐藏着极其珍贵的东西。

犹太拉比们常说：最好的机会往往就像宝矿一样，永远隐藏在其貌不扬的石块中，等着有心人去发现、去珍惜。所以，把握住每一次机会，绝不轻易放弃。机会总是藏在最不起眼的地方，我们要小心翼翼地把机会握在手中，慢慢地发现蕴藏在璞石里的无价宝玉。珍惜身边的一切，因为，那些能抓在手中的事物，可能在某个时刻会变成无价的宝物。

犹太人最著名的拉比希勒尔正将自己年轻时冒险犯难的故事，一一说给儿子听。老父亲那段艰苦而又精彩的创业故事，深深感动了儿子，也鼓舞了孩子，成为他创造无价人生的目标。

他决定要离开温暖的家，出外寻找宝物。他特别订制了一艘大船，在亲友们的祝福下，大船载着男孩的梦想扬帆出发。

他历经了险恶的风浪，穿越了无数岛屿，终于在热带雨林中，找到一棵十几米高的树木。

他砍下这棵树，剥开树皮，这时他发现木心是黑色的，而且黑色木心还飘出阵阵香气，清香的气味让人感到非常舒适。

而且更特别的是，他将这棵树放入水中时，它居然不像其他的树木那样浮在水面，而是沉入水底，年轻人开心地想："啊！我找到宝物了！"

虽然，他不知道这棵树到底是什么，也不知道它真正的用途，但他相信自己一定是找到"宝物"了！

随后，年轻人将芳香无比的树木运送到市场里贩卖，但是不管怎么叫卖也无人问津，这令他十分苦恼。

尤其当他看见身旁卖木炭的生意相当好时，心里更不是滋味，忽然间，他对眼前的"宝物"失去了信心。

他暗自想着："既然木炭这么好卖，我何不把这个卖不出去的黑色木心，也烧成木炭来卖呢？"

不久，他将木材烧成了一般木炭，并挑到市场去卖，很快就卖光了。

年轻人为自己的改变与创举感到相当自豪，不久之后便得意地回家把这段经历告诉他的父亲。

没想到，老父亲听完儿子的诉说后，反而难过地掉下泪水。

原来，青年烧成木炭的原木，是百年难得一见的沉香木。老父亲摇了摇头说："孩子，你知道吗？你只要切下木心的一小块，磨成粉末，它的价值就超过了你卖一整年的木炭价值啊！"

我们是否也曾经像希勒尔的儿子那样，获得了珍贵的机会，却又因为不知道它的价值，不懂珍惜而轻易放弃？不要再懊恼地说："我当时不知道其中价值的，真是有眼无珠。"因为，许多机会都是在我们放弃之后才发现其中价值，我们只能不断增强自己的鉴识能力，等待另一个宝贵的机会。

法则 17

金钱：

世俗的上帝

赚钱是游戏

金钱不神圣，不是高不可攀的圣物。(《塔木德》)

犹太人对钱持一种平常心。他们认为金钱同衣服一样，不过是一件有用的物品而已。

有许多犹太大亨，他们手中掌握着数以百万、千万，甚至亿万的财富的时候，他们感觉手里拿的不过就是一堆纸张而已，并不觉得这就是可以时刻给人带来祸福安危的东西。如果他们把金钱看得很重，就不敢再那样心不跳、气不喘地赚钱了。

要想赚钱，就绝对不能给自己增加心理负担，而是应该从容地、冷静地对待。对金钱不感兴趣自然赚不到钱，然而倘若把金钱看得太重也就给自己背负了沉重的包袱。

犹太人注重金钱，认为金钱是现实中万能的上帝。金钱在他们眼中显得无比的神圣，但是在赚取金钱的时候，他们已经把金钱当作是一种十分普通的东西，就和纸张、石头一样，丝毫不觉得金钱有烫手的感觉。

犹太人只把金钱当作是一种很好玩的物品。它在刺激着每一个人的神经去高度地投入它，人们投入资金的时候就是投入了一次次危险的但是有趣的游戏中。如果不是把赚钱当作游戏，而是看作一项沉重的工作，甚至是在拿命运做赌注的时候，心理的压力会十分强大，以至于人们不敢去冒风险。

犹太人这样形容自己：在赚钱的时候你就进入了一个游戏的世界。作为游戏的参与者，你要不停地和对手进行较量和角逐。你要采用一切办法和手段来胜过其他的人，你要超越所有的人才可以赢得最后的胜利。

著名的金融家摩根就是这样的赚钱观念，即绝不让赚钱变成一种沉重的负担，而是一种新鲜刺激的游戏。他认为只有以这样游戏的心态去赚取金钱，才是最佳的赚钱心态。

摩根赚钱甚至达到痴迷的程度。他一直有一个习惯，每当黄昏的时候，他就到小报摊上买一份载有股市收盘的当地晚报回家阅读。当他的朋友都在忙着怎样娱乐的时候，他则说："有些人热衷于研究棒球或者足球的时候，我却喜欢研究怎么赚钱。"

在谈到投资的时候，他总是说："玩扑克的时候，你应当认真观察每一位玩者，你会看出一位冤大头。如果看不出，那这个冤大头就是你。"

他从来不乱花钱去做自己不喜欢的事情。他总是琢磨怎么赚钱的办法。有的同事开玩笑说："摩根你已经是百万富翁了，感觉滋味如何？"摩根的回答让人玩味："凡是我想要的东西而又可以用钱买到的时候，我都能买到。至于其他人所梦想的东西，比如名车、名画、豪宅我都不为所动，因为我不想得到。"

他并不是一个为金钱而生活的人，他甚至不需要金钱来装饰他的生活。他喜欢的仅仅是游戏的感觉，那种一次次投入资金，又一次次地通过自己的智慧把钱赚回来的感觉，充满了风险和艰辛，但是也颇为刺激。他喜欢的就是刺激。摩根说："金钱对我来说并不重要，而赚钱的过程，即不断地接受挑战才是乐趣，不是要钱，而是赚钱，看着钱滚钱才是有意义的。"

视钱为平常物，视赚钱为游戏，这就是犹太商人的高明之处。惟有如此，才成就了那么多的犹太大亨。

点"纱"成金

犹太人能从稻草里找出金钱来。

100多年前，有位叫莱维·施特劳斯（1829—1902）的德国犹太人，对自己家族世代相袭的文职工作忽感厌倦。意欲就地经商，又因是犹太人的关系不为当局所许。于是未及弱冠之年便越过重洋，追随两位兄长的足迹跑到美国另谋生路。

异国他乡初来乍到，头一件事是过语言关。莱维专拣做买卖的语汇优先摄入脑中，至于熟悉美国的币制似乎还在其次。一周之内，莱维就成了一位道地的"扬基小贩"，专售线团之类缝纫用品，货源由其兄供给。3个月以后，他就够格代表哥哥们去旧金山发展业务。那个地方，他早就听说遍地黄金，"淘金热"正方兴未艾。

此次旅行，除原来经营的商品外，莱维又带了些帆布以供淘金者做帐篷之用。但他还没有来得及下得船来，除了帆布，货物都一售而空。一针一线都需从外面进口的旧金山人需求之旺给莱维留下深刻印象。

下船后，莱维带着帆布开始了他的"淘金"历程。他几乎立刻就和一位挖金的矿工迎面而遇，此人抱怨道，他们需要的并不是帐篷而是挖金时经磨耐穿的裤子。莱维一点也不含糊，随即和那位矿工一起到裁缝店，用随身的帆布给他做了一条裤子，这就是世界上第一条工装裤亦即今日十分时髦的牛仔裤的鼻祖。那位矿工回去之后，消息不胫而走，大量订货迅即而来。

莱维初获成功并不就此裹足，他终身不娶，以全副精力和热情投注于自己的事业。他一贯坚持以优质产品应市，由此使他终于找到最坚固的纤维制作工装裤。这就是他在法国涅曼发现的经纱为蓝纬、纱为白的斜纹粗棉布。法语中斜纹布一词便源于这个地名，而"丹尼姆"则是美国人对这一法语单词的读法。

莱维所奉行的顾客至上的观点，导致他的产品不断改进。1872年，他采纳了内华达州一位叫雅各布·戴维斯的裁缝的建议，用铜铆钉接缝口袋，使矿工们粗实的衣服更加结实耐穿。在此之前，戴维斯裁缝几年来一直用这个办法缝补矿工们穿破的工装裤。

尽管工装裤渐以莱维的名声著称于世，但直至第二次世界大战结束，莱维·施特劳斯公司只有1/4左右的业务做在服装业上，而其余大部则以经营别的厂家的产品为主。

1948 年，莱维·施特劳斯的重外孙瓦尔特·小海斯决定放弃批发业务，集注全力经营工装裤。

莱维·施特劳斯公司的事业由此大振，整个世界成为该公司的目标市场。1979 年国内销售额达 13 亿美元，国外销售盈利超过 20 亿美元。

莱维·施特劳斯这个当年淘金热中不起眼的小角色，历经几代奋斗，终于"挖"到了金子，但这笔财富却不是来自地下。照一位传记作家的话来说，这是经营得法帮助施特劳斯家族把斜纹布变成了金子。而这不就是取决于犹太人所具有的敏锐眼光和《犹太法典》上常说的"勇于探索，认准目标一直走下去"——这一犹太人教育的特色吗？

有钱不置半年闲

上帝把钱作为礼物送给我们，目的在于让我们购买这世间的快乐，而不让我们攒起来还给他。(《塔木德》)

一个犹太财主有一天将他的财产托付给三位仆人保管与运用。他把钱分成 8 份，给了第一位仆人 5 份，第二位仆人 2 份，第三位仆人 1 份。犹太财主告诉他们，要好好珍惜并妥善管理自己的财富，等到 1 年后再看他们是如何处理钱财的。

第一位仆人拿到这笔钱后进行了各种投资；第二位仆人则买下原料，制造商品出售；第三位仆人为了安全起见，将他的钱埋在树下。1 年后，财主召回三位仆人检查成果。第一位及第二位仆人所管理的财富皆增加了 1 倍，财主甚感欣慰。唯有第三位仆人的金钱丝毫没有增加，他向主人解释说："唯恐运用失当而遭到损失，所以将钱存在安全的地方，今天将它原封不动奉还。"

犹太财主听了大怒，并说道："你这愚蠢的仆人，竟不好好利用你的财富。"

第三位仆人受到责备，不是由于他乱用金钱，也不是因为投资失败遭受损失，而是因为他把钱存在安全的地方，根本未好好利用金钱。

犹太人的观念里面，就是"有钱不置半年闲"，与其把钱放在银行里面睡觉，靠利息来补贴生活费，养成一种依赖性而失去了冒险奋斗的精神，不如活用这些钱，将其拿出来投资更具利益的项目。

这个故事也告诉我们这样一个道理：要想捕捉金钱，收获财富，使钱生钱，就得学会让死钱变活钱。千万不可把钱闲置起来，当作古董一样收藏，而要让死钱变活，就得学会用积蓄去投资，使钱像羊群一样，不断地繁殖和增多。

犹太人经商有个共同特点，即采取彻底的现金主义。

犹太富商凯尔，资产上亿美元，然而他却很少把钱存进银行，而是将大部分现金放在自己的保险库。

一次，一位在银行有几百万存款的日本商人向他请教这一令他疑惑不解的问题。

"凯尔先生，对我来说，如果没有储蓄，生活等于失去了保障。你有那么多钱，却不存进银行，为什么呢？"

"认为储蓄是生活上的安全保障，储蓄的钱越多，则在心理上的安全保障程度越高，如此积累下去，永远没有满足的一天。这样，岂不是把有用的钱全部束之高阁，把自己赚大钱的机会减少了，并且自己的经商才能也无从发挥了吗？你再想想，哪有省吃俭用一辈子，光靠利息而成为世界上知名富翁的？"凯尔不慌不忙地答道。

日本商人虽然无法反驳，但心里总觉得有点不服气，便反问道："你的意思是反对储蓄了？"

"当然不是彻头彻尾的反对，"凯尔解释道，"我反对的是，把储蓄当成嗜好，而忘记了等钱储蓄到一定时候把它提出来，再活用这些钱，使它能赚到远比银行利息多得多的钱。我还反对银行里的钱越存越多时，便靠利息来补贴生活费。这就养成了依赖性而失去了商人必有的冒险精神。"

凯尔的话很有道理，金钱只有进入流通领域，才能发挥它的作用。因为，躺在银行里的钱，对于自己来说，几乎和废纸没什么区别。

犹太人经商，很重要的秘方是不把钱放在银行变成存款。直至现在，犹太人宁愿把自己的钱用于高回报率的投资或买卖，也不肯把钱存入银行。

犹太人这种不让钱成为存款的秘诀，是一门资金管理科学。它说明做生意要合理地使用资金，千方百计地加快资金周转速度，减少利息的支出，使商品单位利润和总额利润都得到增加。

做生意总得要有本钱，但本钱总是有限的，连世界首富也只不过百亿美元左右。但一个企业，哪怕是一般企业，一年也可做几十亿美元，如果是大企业，一年要做几百亿美元的生意，而企业本身的资本，只不过几亿或几十亿美元。他们靠的是资金的不断滚动周转，把营业额做大。

在犹太人眼里，衡量一个人是否具有经商智慧，关键看其能否靠不断滚动周转的有限资金把营业额做大。

美国著名的通用汽车制造公司的高级专家赫特曾说过这样一段耐人寻味的话："在私人公司里，追求利润并不是主要目的，重要的是如何把手中的钱用活。"

对这个道理，许多善于理财的小公司老板都明白，但却没有真正地利用。往往一到公司略有盈余，他们便开始胆怯，不敢再像创业那样敢做敢说，总怕到手的钱因投资失败又飞了，赶快存到银行，以备做应急之用。虽然确保资金的安全乃是人们心中合理的想法，但是在当今飞速发展、竞争激烈的经济形势下，钱应该用来扩大投资，使钱变成"活"钱，来获得更高的利益。这些线完全可以用来购置房产铺面，以增加自己的固定资产，到10年以后回头再看，会感觉到比存银行要增很多利，你才会明白"活"钱的威力。

商业是不断增值的过程，所以要让钱不停地滚动起来，犹太人的经营原则是：没有的时候就借，等你有钱了就可以还了，不敢借钱是永远不会发财的。攒钱只会让人变得越来越贫穷，因为连他的思维也贫穷了；赚钱会让人富有起来，因为这是一个富人的思维。

攒钱是成不了富翁的，只有赚钱才能赚成富翁，这是一个普通的道理。并不是说攒钱是错误的，关键的问题是一味地攒钱，花钱的时候，就会极其的吝啬，这会让你获得贫穷的思想，让你永远也没有发财的机会。

有句话说："人往高处走，水往低处流。"还有句话说："花钱如流水。"金钱确实流动如水。它永远在不停地运动周转流通，在这些过程中，财富就产生了。像过去那些土财主一样，把银子装在坛子里埋在房基下面，过一万年还是只有这么多银子，丝毫也没有增值。

一壶井水

金钱不过是身外之物，不要为了金钱而迷失了自己。

4个商人和一个为他们做杂活的犹太少年，骑马穿越大沙漠，遇上了沙尘暴。5匹驮着水和食物的马不见了踪影，他们也可怕地迷失了方向。

天上烈日喷火，沙漠烘烤如炉。5个人由于干渴而无比痛苦，都无力地躺在沙丘下。他们嘴唇干裂，舌头成了一片干木板，全身仿佛在一点点枯萎。从每个人口中发出的沙哑声音都是一个字："水！"

胖商人身上此时确有一小壶井水，500克的重量。在穿越沙漠前他灌了一小铁壶酒，同行的商人和他开了个玩笑，偷偷倒出酒给他装上了水。完全出乎他们意料的是，现在这小壶井水不知要比一壶酒贵重多少倍。关键是500克水如果给一个人喝下去，这个人很可能走出沙漠，脱离险境；如果五个人各喝一份，每人喝到100克水，毫无疑问都将倒在沙漠里。

3个商人都把目光盯向了胖商人身上的那一小壶井水，他们认为能让自己喝到那小壶井水的最有效办法，就是用金钱换取。于是，瘦商人抢先提出用 10 枚金币买那一小壶井水。另外两个商人也马上竞价买水。很快，买价上升到 100 枚金币，最后 3 个商人愿倾其身上所有的金币换水。

那个做杂活的少年一声不响，绝望地闭着眼睛躺着听他们争吵着买水。只有他身上没有金币，因而那壶水一滴也不属于他。

然而，3 个商人谁也没有买成那小壶井水，拥有这小壶井水的胖商人，不为大把的金币所动。他头脑十分清醒地说："谁喝下这壶井水，谁就有可能走出沙漠。卖给你们这壶水，我只能倒在这里，得到再多的金币又有什么用？你们难道看不出来，金币的价值现在等于零吗？"

3 个商人目瞪口呆。

随即争夺那小壶井水的生死搏斗在 4 个商人中展开了。先是厮打叫骂，拳脚相加，很快用上了贴身的匕首、皮带、不太久，搏杀平息了,4 个商人都倒了下去。他们流出的粘稠的血，在烈日下干结。

4 个商人都没有得到的那小壶井水，却意外地属于了干杂活身无分文的少年。这始料不及的突变竟使少年一时茫然不知所措。更让他心惊肉跳的是，映入他视线的散落在地上的大把金币，那些从前一直与他无缘，对他毫无感情的灿灿金币，此时只要他肯弯下腰，就可以成为它们的新主人。少年却没有弯腰，他的手中只捧着那小壶井水。还有颗稚嫩的心在这场生死搏斗中被深深地震撼。聪明的他十分清楚，拾一枚金币就可能会拾二枚三枚以致全部，沙漠中负重行走会加大干渴的程度，他虽然得到了这小壶井水，但同样还可能倒下去。因此，少年头也不回地离开了那些金币。朝霞为他镀一身金光，他的生命之树开始复绿。

犹太少年战胜了大漠，也战胜了自己。而战胜自己让他最后战胜了大漠。

在犹太人中间，还流传着这样一个故事：

一个拥有无数钱财的吝啬鬼去他的拉比那儿乞求祝福。拉比让他站在窗前，让他看外面的街上，问他看到了什么，他说："人们。"拉比又把一面镜子放在他面前，问他看到了什么，他说："我自己。"

拉比解释说，窗户和镜子都是玻璃做的，但镜子上镀了一层银子。单纯的玻璃让我们能看到别人，而镀上银子的玻璃都只能让我们看到自己。

金钱的光芒过于闪耀，以至于刺痛人的双眼，看不清其他东西。一谈到金钱，人们都知道犹太人挺会赚钱的。听听拉比对金钱的看法，对于今天的我们来说不无裨益。单纯的玻璃只能看到别人，镀上银子的玻璃只能看到自己。金钱的危险性一览无余。金钱的魅力可以转移人的眼光，难怪有人说：有些人是金钱的奴隶。世上几乎没有人不知道金钱的价值，但确有些人不知道金钱有时没有一点价值。

世界第一商人

《塔木德》中说，如果世界上所有的苦难都集中到了天平的一端，而贫穷集中到了天平的另一端，那么，贫穷将比所有苦难和痛苦都沉重。

犹太商人沃伦斯在童年时代就表现出与其年龄不相称的经商才能。只有5岁的时候，沃伦斯就已经对做买卖表现出出奇的热情，对于他来说，这世界上最好玩的游戏不是摆弄玩偶和玩具火车，也不是过家家、捉迷藏，而是做买卖。他经常把自己所有的东西都贴上价签，卖给邻居家的孩子，有的东西价格难以确定，他就自己想象一个价格标上。在别人看来，这孩子实在太离谱了，可更为离谱的是，他6岁时竟然将自己拥有的一块奇形怪状的石头标价1万美元。他的姐姐问他一块石头怎么会值这么多钱。他的回答是："这么漂亮的东西别人都没有，只有我一个人有，所以价格我可以随便定，想卖多少钱就卖多少钱。"

沃伦斯自身对商业的热情乃至迷恋，再加上父母对其进行的犹太人传统的经商理念的教育，使他在今后的生活中，处处盘算着生意经，并勇敢地付诸实践，拥有了同龄人望而却步的财富。

《塔木德》中还规定，每个希伯来男孩无论其地位高低，家境好坏，都必须学习并掌握经商的技巧。儿童长到 18 岁时，除非从事神职工作，否则的话，就一定要学会经商。因此，希伯来的早期教育把经商技能的训练视作培养孩子的一个最重要的方面。只有当一个孩子在经商这方面接受并掌握了基本的知识，他才会被认为是已经具备了必备的生活技能。现实生活中，犹太儿童从小就被灌输这样的思想，钱不是万能的，但没有钱却是万万不行的。每个人都要拥有一定的财产，如房屋、家具、电器和服装等，这些保证我们基本生活的元素都需要用金钱去购买，而获得金钱最快的方式就是经商，精明的犹太人不仅精于此道，更乐于此道，素以"世界上的财富装在犹太人的口袋里"而享誉世界。

据统计，美国的百万富翁中犹太人占 20%，获诺贝尔经济学奖的经济学家中也有 20% 是犹太人，因而犹太人历来被誉为"世界第一商人"。犹太商人不仅是世界上虔诚的宗教徒，更是最杰出的商界精英，在激烈的商战竞争中，为了赚钱他们创造了实用主义商业哲学，尤其那些令人崇拜的犹太企业家明星，以其特别的经营才能和奇异手段聚敛巨额财富，从而富甲天下。

犹太商人最会赚钱的代表非 19 世纪崛起于法国、后又控制欧洲经济命脉和世界黄金市场长达 200 多年的罗思柴尔德家族莫属。罗思柴尔德家族靠做古钱币生意和发战争财爆发，后主要投资于金融行业。老罗思柴尔德有 5 个儿子，分别控制了伦敦、维也纳、巴黎、法兰克福、那不勒斯、纽约和柏林，他们一起成为欧洲金融市场呼风唤雨和左右政局的最大力量。1833 年不列颠帝国废除奴隶制以后，伦敦的罗思柴尔德曾拿出 2000 万英镑用以补偿奴隶主的损失；1854 年，他们还为英国在克里米亚同俄国的战争提供了金额为 1600 万英镑的贷款；1871 年，他们出资 1 亿英镑为法国向普鲁士支付普法战争的赔款；除此以外，他们还控制了整个欧洲的铁路。所有法国给俄国的贷款，也都是由该家族提供的；在美国内战期间，他们是联邦财政的主要财源。

犹太人对商业独到的领悟，对财富坚持不懈的追求，使他们成为最值得自豪、最值得骄傲、最具权威的民族。尽管犹太民族在其5000多年的文明发展史中，曾历经数次浩劫，在2000多年的大流散过程中，虽几经屠戮和劫难，却素以"有钱人"闻名于世，成为当今世界上极少的几支意义重大的经济力量之一，是资本主义社会经济运行和商业发展的精神化身。而今犹太商人成了世界上公认的最富有的人，因为他们一生都在想方设法赚取利润，这是他们赖以生存的基础。众多犹太商业巨子的成功事业令世人翘首瞩目。为什么令全世界人羡慕的光环总是频频落到这个人口仅占世界1/400左右，而且曾经一度流浪漂泊，无寸土可居的小小民族的身上？

结果是思想与行动的产物，作为一个真正的犹太人，除了自己理解并懂得金钱的价值之外，最为重要的义务就是把这些知识灌输给孩子们，让他们认识到如何获取和利用金钱。

犹太人赖以叱咤商海的经营理念和行为方式，从孩童时代就被灌输到每一个犹太人的头脑中，不仅仅是他们的经商准则，更潜移默化地影响着他们的为人处世的方式。他们不仅具有巧妙的谈判术，攻心的策略，敏捷的情报意识，雄辩的口才，更仰赖犹太民族与生俱来的高明的企业经营诀窍，这使他们随时随地可嗅到利润之所在，最大限度地获得金钱，构建财富。

大把赚钱，大手花钱

会享受生活的人才能够更好地去创造生活。（《塔木德》）

从前有一位学者站在一个百货商场门口，目不暇接地浏览着色彩缤纷的商品。这时，他身边走来一个衣冠楚楚的商人，口里叼着雪茄。学者恭敬地走上前，对绅士礼貌地问："您的雪茄很香，好像很贵吧？"

"两美元一支。"

"那您一天抽几支呢？"

"10 支吧。"

"天哪！您抽烟多久了？"

"40 年前就抽上了。"

"什么？要是不抽烟的话，那些钱足够买这幢百货商场了。"

"那么说，您也抽烟了？"

"我不抽烟。"

"那么，您买下这幢百货商场了吗？"

"没有啊。"

"告诉您，这幢百货商场就是我的。"

只有大把地赚钱，大把地花钱，这才是富人的做法。犹太人认为生活要过得幸福和开心，日子一定要有滋润的感觉，不要怕花钱，相反要大把大把地花钱。犹太人喜欢在那些装饰考究、豪华的饭店吃晚餐，而且一吃就是两个小时，吃的极为丰盛。

这让想要拼命追上犹太人的日本人自愧不如，日本人花钱极其吝啬，他们一天到晚只是拼命地省钱和拼命地工作。"日本人崇尚早睡早起、快吃快拉，得利三分"，于是，他们的生活里就只有工作，为了工作，连吃饭的时间都要尽量缩短，甚至觉得人应该只干活，不要吃饭睡觉才好。

对于一个商人来说，赚钱的时候，有运筹帷幄的能力，花钱的时候，就大把大把地花。这样，才显示出商人的胸怀和自信、气定神闲、从容不迫，这样才算是一个真正的商人。

乔治·萧伯纳在他的《巴波拉市长》中这样说道："最大的罪行和最坏的罪行是贫困。"

富有是社会安定的基础。

犹太富豪中有不少人充其量不过三代人的历史，犹太商人没有靠攒小钱积累资本的传统。

一方面，犹太商人集中于金融行业和投资回收较快的行业，他们把注意力集中在"钱生钱"而不是"人省钱"上面。靠辛辛苦苦攒小钱的人是不可能具备犹太商人身上常见的那种冒险气质的。另一方面，犹太商人在文化背景上没有受到禁欲主义束缚。犹太人在宗教节日期间有苦修的功课，但功课完毕之后，便是丰盛的宴席。所以，那种形同苦行僧般的生活方式，并不为犹太商人所推崇。

这两个因素的结合，使犹太商人的经营方式和生活方式形成了鲜明对照。在业务方面，犹太商人精打细算到了无以复加的地步。但在生活上，类似于每天吸 10 支 2 美元一支的雪茄，并不是什么罕见的现象。像英国犹太银行家莫里茨·赫希男爵那样，在庄园里招待上流社会人物，光是狩猎游戏中宾主射杀的猎物就达 1.1 万头。即使节俭如冬天不生火炉的上海犹太商人哈同，也舍得以 70 万两银子修造上海滩最大的私人花园爱俪园，并经常在花园中举行"豪门宴"。

一个犹太人见了另一个人就问对方："你多大了？""我 50 岁了。""那你还可以享受 10 年呢！"

这个犹太人问一个老人他多大了，似乎很不礼貌。但是他的回答告诉了他的人生态度，他的生命还有 10 年，应该好好地享受这生命中的最后 10 年。

"始终记住：不要按你的收入过日子！这样能使一个人变得自信。"好莱坞巨头之一的刘易斯·塞尔兹尼就这样教育他的儿子大卫，大卫后来成为电影《飘》的制片人，这句话后来成为风行好莱坞的经营原则。

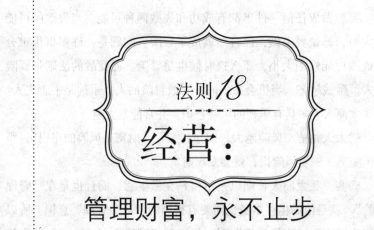

法则 18

经营：

管理财富，永不止步

与风险"亲密接触"

当机会来临时，不敢冒险的人永远是平庸之辈。(《塔木德》)

要想做成任何一件事都有成功和失败两种可能。当失败的可能性大时，却偏要去做，那自然就成了冒险。问题是，许多事很难分清成败可能性的大小，那么这时候也是冒险。而商战的法则是冒险越大，赚钱越多。当机会来临时，不敢冒险的人，永远是平庸之人。而犹太商人大多具有乐观的风险意识，并常能发大财。

犹太人相信"风险越大，回报越大"，"财富是风险的尾巴"，跟着风险走，随着风险摸，就会发现财富。

确实，犹太商人长期以来不仅是在做生意，而且也是在"管理风险"，就是他的生存本身也需要有很强的"风险管理"意识。所以在每次"山雨欲来风满楼"时，他们都能准确把握"山雨"的来势和大小。这种事关生存的大技巧一旦形成，用到生意场上去就游刃有余了。有不少时候，犹太商人正是靠准确地把握这种"风险"之机而得以发迹。

公元 1600 年前后，摩根家族的祖先从英国迁移到美洲来，到约瑟夫·摩根的时候，他卖掉了在马萨诸塞州的农场，到哈特福定居下来。

约瑟夫最初以经营一家小咖啡店为生，同时还卖些旅行用的篮子。这样苦心经营了一些时日，逐渐赚了些钱，就盖了一座很气派的大旅馆，还买了运河的股票，成为汽船业和地方铁路的股东。

1835 年，约瑟夫投资参加了一家叫作"伊特纳火灾"的小型保险公司。所谓投资，也不要现金，出资者的信用就是一种资本，只要在股东名册上签上姓名即可。投资者在期票上署名后，就能收取投保者交纳的手续费。只要不发生火灾，这无本生意就稳赚不赔。

然而不久，纽约发生了一场大火灾。投资者聚集在约瑟夫的旅馆里，一个个面色苍白，急得像热锅上的蚂蚁。很显然，不少投资者没有经历过这样的事件。他们惊慌失措，愿意自动放弃自己的股份。

　　约瑟夫便把他们的股份统统买下。他说："为了付清保险费用。我愿意把这旅馆卖了，不过得有个条件，以后必须大幅度提高手续费。"

　　这真是一场赌博，成败与否，全在此一举。

　　另有一位朋友也想和约瑟夫一起冒这个险。于是，两人凑了10万美元，派代理人去纽约处理赔偿事项，结果，代理人从纽约回来的时候带回了大笔的现款。这些现款是新投保的客户，出了比原先高一倍的手续费。与此同时，"信用可靠的伊特纳火灾保险"已经在纽约名声大振。这次火灾后，约瑟夫净赚了15万美元。

　　这个事例告诉我们，能够把握住关键时刻，通常可以把危机转化为赚大钱的机会。冒险是上帝对勇士的最高嘉奖。不敢冒险的人就没有福气接受上帝恩赐给人的财富。

　　犹太人是天生的冒险家。

　　犹太大亨们个个都经历过各种各样的风险，他们在风险的惊涛骇浪中自由地活动，做了一场又一场风险的游戏。

　　任何一个企业要想做大，所面临的风险是长期的、巨大的和复杂的。企业由小到大的过程，是斗智斗勇的过程，是风险与机会共存的过程，随时都有可能触礁沉船。在企业的发展过程中常常会遇到许多的困难和风险，如财务风险、人事风险、决策风险、政策风险、创新风险等。要想成功，就要有"与风险亲密接触"的勇气。不冒风险，则与成功永远无缘。

　　风险总是与机遇、利益相伴，如影随形。如果一个商人整天只是想着要发财，要成功，要赚大钱，但是往往却因为怕担风险，对未来心存胆怯而裹足不前，那么他就很可能与成功失之交臂，只有事后叹息、后悔的份了。

一位很成功的企业家邱德根曾经这样说过："我不信命运，我从风浪中拼出来，建立了自己的事业，即使到最后一刻也不会放弃，我的许多生意都是在风险中度过的。"

中国人喜欢求同的思维方式亦是源远流长，可上溯至孔夫子的"中庸思想"。具体而言，就是表现为不敢为天下先，正如俗语说的"枪打出头鸟"，"出头的椽子先烂"，所以一般来讲，中国少有变革，"第一个吃螃蟹的人"往往不得善终。

其实很多事在未真正完成之前，都是具有风险性的，常常会有一波未平一波又起的时候，也常常会有看似平静，但内部暗藏危机的时候。商业场上更是如此。但是一旦你勇于去开始，敢于去克服那些困难，那么在最后你将会有意想不到的收获。在那些看似难以捉摸的风险背后，往往隐藏着巨大财富！

和气生财

坑蒙顾客就是播种仇恨，微笑带来的则是滚滚财源。

待每一个人都满面春风。（《塔木德》）

不要认为做个成功的商人就应该是严肃的、冷酷的、不苟言笑的。其实不然，作为一个成功的商人还要"微笑"，微笑着面对生活、面对战场、面对你的敌人！笑也是一种走向成功的武器。

世界上以经商著名的犹太人对这一点就深有体会。犹太商人之所以成功，"笑"的作用可谓是功不可没。

与犹太商人打交道，你会发现，与他们的谈判通常都是以微笑开始的。

谈判那天，犹太人会十分准时地到达谈判地点，绝不让你等候，哪怕是一分钟。双方见面后，犹太人非常地谦卑，客气地向你问候。特别是他们一直保持着微笑与你交流，那甜蜜的笑容让你觉得整个世界都是美好的。然而一旦进入谈判，他们会把谈判的条件提得很高，距离双方的协议差距很远，而且为了合同上一个细小的地方会和你讨价还价。双方于是开始不停地争论，最后变成激烈的争吵。第一天谈判，双方不欢而散。

但是，第二天，犹太人又会和你约定谈判的时间和地点，他们说话的神情十分地热情和真诚，态度是那样的温和与客气，仿佛昨天的种种不愉快没有发生过一样。犹太人的态度变化如此之快，简直让人觉得不可思议，询问犹太人态度发生如此大幅度变化的原因，犹太人哈哈一笑："人的细胞代谢得很快，昨天吵架的细胞已经被今天的温和细胞代替，所以今天没有必要再记恨嘛！"

犹太文化强调人与人之间要有健康而友善的关系。犹太历史上最著名的拉比之一希拉尔，他曾对犹太文化的精髓做过界定，他有名的主张是"己所不欲，勿施于人"。希拉尔出身贫寒，他靠自己的勤奋掌握了渊博的知识，成为犹太教首席拉比，他是犹太教徒最尊重的人，他的言论一直被人们广泛引用。据说，后来耶稣基督向其信徒训诲的言论，有许多是希拉尔的要言。可见，他的思想对犹太人影响颇深。

犹太教典籍《塔木德》对犹太伦理讲得更具体了。该书讲述了一个事例：

一次，有位拉比要召集6个人开会商量一件事，邀请他们第二天来。可是，到了第二天却来了7个人，其中肯定有一个人是不邀自来的。但是拉比又不知道这第7个人究竟是哪一位。于是，拉比只好对大家说："如果有不请而来的人，请赶快回去吧！"

结果，7个人中最有名望、大家都知道一定会受到邀请的那人却站了起来，然后快步走了出去。

大家都很明白，这位有名望并已被邀请的人为他人背了黑锅。但这个人也明白，这7个人中必定有一个人未受邀请，而这个人既已到这里了，却要他承认不够资格而退回去，是件令人难堪之事。

因此，这位有资格的人挺身而出，宁愿自己名义上受点影响，保护那个不请自来的人的自尊心，让他混迹其中。

那位有名望的人用心良苦，他能设身处地为他人着想并采取巧妙的行动，正体现了"己所不欲，勿施于人"那种仁慈道德。

但是，《塔木德》编选这个故事除了褒扬那种帮助别人的精神外，更深一层的意思是，这个有名望的人的举动表面上看来令他"背黑锅"，但实际上这个举动使他的声望更高了。《塔木德》编选这个故事，意在讲明帮助别人、注重和气是人人得益的道理。

作为公司的老板。对待自己的属下，也要讲究以"和"为贵：

卡耐基的侄女约瑟芬曾经担任过他的秘书。年仅19岁的她由于没有办事经验，经常在工作中出错。这个时候，卡耐基并不是对她采取言语上的取笑或是讽刺，对其严厉地批评，而是采用一种温和得体的方式，让她改正错误，并在以后不要再犯。

一天，约瑟芬再次犯了错误，卡耐基正想开始批评她，但马上又对自己说："等一等，戴尔·卡耐基。你的年纪比约瑟芬大了一倍，你的生活经验几乎是她的一万倍。你怎么可能希望她有与你一样的观点，你的判断力，你的冲劲？虽然这些都是很平凡的。但是，你19岁时又在干什么呢？还记得你那些愚蠢的错误和举动吗？"

于是，在面对约瑟芬时，他这样说道："约瑟芬，你犯了一个错误，但上帝知道，我所犯的许多错误比你更糟糕。你当然不能天生就万事精通。成功只有从经验中才能获得，而且你比我年轻时强多了。我自己曾做过那么多的愚蠢傻事，所以根本不想批评你或任何人。但难道你不认为，如果你这样做的话，不是比较聪明一点吗？"

初时，约瑟芬办事经验几乎等于零。但是现在她已是西半球最完美的秘书之一。其中的变化之大真是让人觉得不可思议。

可见对于员工，一定要以"和"为主。这种做法是在对方做错事后给予正确的心理安慰，它的作用是深远的、持久的！

提倡对顾客微笑服务的希尔顿深谙"和气生财"的道理，来看看他是怎样做到这一点的。

希尔顿是一个有名的旅馆业商人。当他的事业进入轨道，并赚到相当多的利润时，他自豪地去告诉母亲。母亲却不以为然而且还提出了新的要求："你现在与以前根本没有什么两样。事实上你必须把握住比几千万美元更值钱的东西。除了对顾客诚实之外，还要想法使来希尔顿旅馆的人住过了还想再住，你要想出这样一种简单、容易、不花本钱而又行之久远的办法来吸引顾客。这样你的旅馆才有前途。"

"简单、容易、不花本钱而又行之久远"，具备这四个条件的究竟是什么办法呢？希尔顿为此而冥思苦想了好久，仍然不得其解。

就在他逛商店，串旅店，以顾客的角度去感受时，他终于如梦初醒——微笑，一个简单、容易、不花本钱而行之久远的服务方式。

他对服务员常常说的一句话就是："今天，你对顾客微笑了吗？"他要求每个员工不论如何辛苦，都不能将自己心里的愁云挂在脸上。就这样，在经济大萧条中，无论旅馆本身遭受到什么样的困难，希尔顿旅馆服务员脸上的微笑始终如一，永远是旅客的阳光。

结果，经济萧条刚过，希尔顿旅馆就率先进入新的繁荣时期，跨进了黄金时代。

微笑是希尔顿成功的秘诀，他曾经说过："如果我的旅馆只有一流的设备，而没有一流服务员的微笑的话，那就像一家永不见温暖阳光的旅馆，又有何情趣可言呢？"

犹太人在其民族文化的影响下，再加上其长久的流离失所的状况，普遍形成一种"谦和"的耐性。犹太商人就善于利用自己的这一耐性，在经商的一切活动过程中充分发挥"和气"的作用。这种和气的仪表，在人际交往之间确有融合剂的作用，它很容易把对方吸引住。在商务活动中，实践证明它是一种促销手段。为什么这样说呢？因为人是群体动物，人与人之间能否和睦相处，对事业影响很大。企业家制造出来的商品或服务，因得人喜爱而赚钱发财；政治家开展政治工作，因得人而昌；歌唱家演唱得到观众赞赏，因得乐队的伴奏和观众的捧场而被接受……一切离不开人。犹太人领会这一道理，把人与人的关系处理好，成为他们事业成功和发财致富的一种技巧。

"无中生有"法则

任何东西到了商人手里都会变成商品。(《塔木德》)

有个富翁，开始时他手中既无资金，也无技术。当他跟别人说起准备经商时，大家都不相信。可他不但成为一个很成功的商人，而且经营的还是资本量很大的房地产。

经营房地产，利润很大，但是风险也很大，要有一大笔的资本做后盾，对于一般人而言，恐怕只能看别人赚钱了。但他有白手起家的妙计。

他经过考察发现，有不少人想开工厂，但资金连土地都买不起，更谈不上建筑厂房了。与此相反，许多土地却还在闲置着。如果不用购买土地就可以建厂生产，肯定能受到创业者的欢迎。有了这样一个构思，他立即行动起来。他首先打听那些闲置的土地。这些土地往往地理位置偏僻，多是卖不出去的土地。他同这些土地所有者商谈，提出改造利用土地的计划。土地所有者正为这些土地没有买主着急，现在有一个开发的方法，真是雪中送炭。他们纷纷愿意出让土地，有的甚至还拿出一定的资金作为股份。

土地的问题解决后，他创建土地开发公司，组织人员上门推销土地。这些工厂主正为没有资金兴建工厂着急，现在看到可以不用巨额资金，又有土地可以出租，当然十分高兴，上门签约的厂主络绎不绝。

他的做法是，从租用厂房者手上收取租金后，扣除代办费用和厂房分摊偿还金，所剩的钱归土地所有者。厂房租金和土地租金之间的差额，除去修建厂房的费用，就是他的盈利。

企业主、土地所有者、地产开发公司三方达成协议后，他就向银行贷款建筑厂房，然后按分期还款的方式归还银行的费用。

他实际上只是起到了一个中介的作用，将土地所有者和工厂主联系起来。一开始，这一创意就很吸引人，那些偏僻的土地有了用处，而工厂主可以减去积累资金的时间。他第一年仅手续费用就收入了 20 亿，有了这笔钱后，就不用再向银行贷款了。

就这样，他从营造小厂房到建筑大厂房，再到营建大规模的工业区，他的公司像滚雪球似的越滚越大，公司的经营也不再只限于租用土地。白手起家的他，终于成为数一数二的大企业家。

一个成功的中介者，就是一个成功的商人。他能够把看似毫不相关的事情联系起来，从中获利。

图德拉原是委内瑞拉的一位工程师。他从一位朋友处打听到阿根廷需要购买 2000 万美元的丁烷，并且又知道阿根廷的牛肉过剩。

图德拉灵机一动，他飞到西班牙，那里的造船厂正为没有订货发愁。他告诉西班牙人："如果你们向我买 2000 万美元的牛肉，我就在你们的造船厂定购一艘造价 2000 万美元的超级油轮。"西班牙人愉快地接受了他的建议。这样，他就把阿根廷的牛肉转手卖给了西班牙。

此后，图德拉又找到一家石油公司，以购买对方 2000 万美元的丁烷为交换条件，让石油公司租用他在西班牙建造的超级油轮。结果，图德拉不费一分钱做成了这笔生意。

还有一个例子：

1953 年，历时 3 年的朝鲜战争结束了，用来筑工事的沙袋大批量地闲置起来，并且占满了仓库。而当初经营沙袋的公司大多是临时租用仓库。停战说明沙袋已经成了废物，而占用仓库，租金却得按日交付。这可急坏了这些沙袋经营商。

一位商人瞅准了这个机会，觉得从中发一笔财是很有可能的。

于是，他找到了那些沙袋经营者商谈生意，说可以免费帮他们把沙袋弄走。有这样的好心人，这些沙袋经营者们当然高兴不已。

货到手后，商人仗着能说英语的方便，拜会了一个国家的大使。这个国家当时正在闹内乱。商人想着他们肯定需要武器和沙袋。

未出所料，该国大使亲自出面查看样品，很快成交。

从看似无用的废物中发现商机，这位商人的成功与犹太人麦考尔如出一辙。

1984年圣诞节前，尽管美国不少城市朔风刺骨，寒气逼人，但玩具店门前却通宵达旦地排起了长龙。这时，人们耐心等待领养一个身长40多厘米的"椰菜娃娃"。

"领养"娃娃怎么会到玩具店呢？

原来，"椰菜娃娃"是一种独具风貌、富有魅力的玩具，她是美国奥尔康公司总经理罗拔士创造的。

通过市场调查，罗拔士了解到，欧美玩具市场的需求正由"电子型"、"益智型"转向"温情型"。他当机立断，设计出了别具一格的"椰菜娃娃"玩具。

以先进电脑技术设计出来的"椰菜娃娃"千人千面，有着不同的发型、发色、容貌，不同的鞋袜、服装、饰物，这就满足了人们对个性化商品的要求。

另外，"椰菜娃娃"的成功，还有其深刻的社会背景。离婚使得不到子女抚养权的一方失却感情的寄托。而椰菜地里的孩子正好填补这个感情空白，这使"她"不仅受到儿童们的欢迎，而且也在成年妇女中畅销。

罗拔士抓住了人们的心理需要大做文章。他别出心裁地把销售玩具变成了"领养娃娃"，把"她"变成了人们心目中有生命的婴儿。

奥尔康公司每生产一个娃娃，都要在娃娃身上附有出生证、姓名、手印、脚印、臀部还盖有"接生人员"的印章。顾客领养时，要庄严地签署"领养证"，以确立"养子与养父母"关系。

罗拔士又作出了创造性决定："配套成龙"——销售与"椰菜娃娃"有关的商品，包括娃娃用的床单、尿布、推车、背包以至各种玩具。

领养"椰菜娃娃"的顾客既然把她当作真正的婴孩与感情的寄托，当然把购买娃娃用品看成是必不可少的事情。

这样，奥尔康公司的销售额开始大幅度增长。

如今，"椰菜娃娃"的销售地区已扩大到英国、日本等国家。罗拔士正考虑试制不同肤色及特征的"椰菜娃娃"，让她走遍世界各国，保持奥尔康公司在玩具市场上首屈一指的地位。

奥尔康公司充分发挥自己的想象力，虚构了惹人喜爱的"椰菜娃娃"。当"椰菜娃娃"成了摇钱树时，她又引发了一系列相关产品的诞生。"无中生有"原则使得奥尔康公司受益无穷。

看紧你的钱包

对钱财必须具有爱惜之情，它才会聚集到你身边。你越尊重它，珍惜它，它越心甘情愿地跑进你的口袋。（《塔木德》）

"紧紧地看住你的钱包，不要让你的金钱随意地出去，不要怕别人说你吝啬。你的钱每花出去一分都要有两分钱利润的时候，才可以花出去。"犹太巨富洛克菲勒是这个信条虔诚的遵守者。

洛克菲勒早年在一家大石油公司做焊接工，任务是焊接装石油的巨大油桶。他细心地发现每焊接一个油桶要掉落的铁渣每次不多不少正好是 509 滴，他想要焊接那摞得像山一样的油桶要浪费多少焊条呀！于是他改进了焊接的工艺和焊接的方法，让每次滴落的铁渣正好是 508 滴，仅此一项改进，这家大石油公司全年的节约资金是 5.7 亿之多！洛克菲勒本人也因此获得了一次极佳的晋升机会。

努力挣钱是开源，设法省钱是节流。巨大的财富需要努力才能追求得到，同时也需要杜绝漏洞才能积聚。

洛克菲勒成为亿万富翁以后，他的经营管理也是以精于节约为特点的。他给部下的要求是提炼一加仑原油的成本要计算到小数点后的第3位。每天早上他一上班，就要求公司各部门将一份有关成本和利润的报表送上来。多年的商业经验让他熟稔了经理们报上来的成本开支、销售以及损益等各项数字。他常常能从中发现问题，并且以此指标考核每个部门的工作。1879年的一天，他质问一个炼油厂的经理："为什么你们提炼一加仑原油要花19.8492美元，而东部的一个炼油厂干同样的工作却只要19.849美元？"这正如后人对他的评价，洛克菲勒是统计分析、成本会计和单位计价的一名先驱，是今天大企业的"一块拱顶石"。

到了老年时期，有一天，他向他的秘书借了5美分。当洛克菲勒给秘书还钱的时候，秘书不好意思要，洛克菲勒当即大怒："记住，5美分是一美元一年的利息！"由此可见他对于金钱的节俭和计算真是到了极致。

犹太人的用钱原则就是只把钱用在该用的地方。他们认为不该用的地方，是一块钱也不会花出去的。《塔木德》上说："对钱财必须具有爱惜之情，它才会聚集到你身边，你越尊重它，珍惜它，它越心甘情愿地跑进你的口袋。"

另一位犹太人也是以崇尚节俭、爱惜钱财著称的连锁商店大王克里奇，他的商店遍及全美50个州和国外很多地方。他的资产数以亿计，但他的午餐从来都是1美元左右。克德石油公司老板波尔·克德有一天去参观一个展览，在购票处看到一块牌子写着："5时以后入场半价收费。"克德一看手表是4时40分，于是他在入口处等了20分钟后，才购买了一张半价票入场，节省下0.25美元。要知道，克德公司每年收入上亿美元，他所以节省0.25美元，完全是受他节俭的习惯和精神所支配，这也是他成为富豪的原因之一。

犹太人特别是犹太商人不管多么富有，绝不会随意挥霍钱财。

在宴请宾客时，以吃饱吃好为尚，不会讲排场乱开支；在生活中，以积蓄钱财为尚，不会用光吃光。犹太人测算过，依照世界的标准利率来算，如果一个人每天储蓄 1 美元，88 年后可以得到 100 万美元。这 88 年时间虽然长了一点，但每天储蓄 2 美元，大都在实行了 10 年、20 年后很容易就可以达到 100 万美元。可见对金钱除了爱之外，还要惜。也就是说，除了想发财外，还要想办法保护已有的钱财。这就是犹太人经营致富的一个奥秘。犹太富商亚凯德说："犹太人普遍遵守的发财原则，那就是不要让自己的支出超过自己的收入。如果支出超过收入便是不正常的现象，更谈不上发财致富了。"

犹太人有句格言这样说："花 1 美元，就要发挥 1 美元 100% 的功效。"要把支出降到最低点。

很多犹太人老板，对任何的开支都精打细算，为的就是尽量地降低成本，减少费用。他们总是说："要把一块钱当作两块钱来使用。如果在一个地方错用了一块钱，并不就是损失一块钱，而是花了两块钱。"

悉尼奥运会上曾经举办过一个以"世界传媒和奥运报道"为主题的新闻发布会。在座的有世界各地传媒大亨和记者数百人。

就在新闻发布会进行之中，人们发现坐在前排的炙手可热的美国传媒巨头 NBC 副总裁麦卡锡突然蹲下身子，钻到了桌子底下。他好像在寻找什么。大家目瞪口呆，不知道这位大亨为什么会在大庭广众之下做出如此有损自己形象的事情。

不一会儿，他从桌下钻出来，手中拿着一支雪茄。他扬扬手中的雪茄说："对不起，我到桌下寻找雪茄。因为我的母亲告诉我，应该爱惜自己的每一美分。"

麦卡锡是一个亿万富翁，有难以计数的金钱，他可以买到一切可以用钱买到的东西，一支雪茄对于他来说简直微不足道。如果照他的身份，应该不理睬这根掉到地上的雪茄，或是从烟盒里再取一支，但麦卡锡却给了我们第 3 种令人意料不到的答案。

《塔木德》说："金钱容易引发意外。任何人对待金钱都要谨慎，否则就要损失金钱。先要学会看管少数金钱，然后才可以管理更多金钱。这是最聪明的提防金钱损失的办法。"

一家知名企业创始人曾告诉人们：要爱金钱。这句话说得一针见血。如果不爱钱，就抓不住财富。只有爱钱，财富才会逐日增加——钱怎么会躲在不爱钱的人的手中呢？因此，与其对钱"欲说还休"，倒不如像犹太人一样，将钱爱得明明白白、真真切切。

《塔木德》上写着："有4种尺度可以用来测量人，那便是金钱、醇酒、女人以及对于时间的态度。这4种尺度标准有其共同之处——它们都有吸引人的地方，但是却不可以沉迷于其中。"

犹太人这种处事有度的态度，表现在他们对待金钱的态度上，就显得有些过分的节俭，甚至有些吝啬。

犹太人出门买东西，不管花费多少，不管东西便宜或是贵都一定要有账单。所以许多犹太人到一些地方，看到一般餐厅中只报账而没有账单的情况，就会觉得有些不可思议。许多民族对待金钱的态度要比犹太人马虎得多。

据说有一位希腊人经常光顾某家餐厅，每次吃大致相同的饭菜，但每次结账，价钱都互不相同，但相差不多。他的犹太朋友听到这件事，十分惊讶，要追究所以然，希腊人却说："这么一点小钱，何必认真？"犹太人一边摇头，一边口呼上帝，仿佛犯了什么大罪过。

犹太人很吝啬吗？并非如此，他们只是不付没有道理的钱。犹太人认为这是他们自己的绝大的优点，是重视金钱的表现。

看紧自己的钱包，爱钱的同时也要惜钱。珍惜自己的每一分钱，这一原则已贯彻到犹太人生活的方方面面，甚至内化到他们的思想观念中。

同分一杯羹

即使撤销合同，也要确保双赢。(《塔木德》)

一般人看事物多用二分法，非强即弱，非胜即败。利人利己者把生活看作一个合作的舞台，而不是一个角斗场。其实，世界之大，人人都有足够的立足空间，他人之得不必视为一己之失。现代商战，少不了"硝烟"，但也离不开双赢。

而这种共同得利的交际准则和商业准则。早于千年之前，就进入了犹太民族的法则。

犹太商人不是以做"一锤子买卖"而出名的。"只要每个人上一次当，我就可以发大财了"，这种生意经绝对不是犹太商人的生意经。按理说，像犹太人这样到处遭人驱逐，朝不保夕的民族，"应该"在生意场上形成一种"打一枪，换一个地方"的短期策略和游击战术。然而，犹太商人不但绝少这类劣迹，相反他们信誉卓著，所经营的商品也都质量上乘。究其原因，除犹太人的文化背景，如总是以"上帝的选民"自居，不屑于做"一次性"买卖，有信守约定的习惯等之外，更有可能是从民族四海漂流的生存状态与商业活动的规律之结合中，悟出了什么才是真正的经商之道。

犹太商人是在四邻不太友好的眼光注视下发展到今天的。他们最清楚"竭泽而渔"的害处。在历史上犹太社群的精神领袖拉比就曾经一再告诫犹太人，无论到什么地方都要播种友谊，不要播种仇恨。从这样一种生存的大策略上，生化出让生意涉及的方方面面都各得其所的经营原则；犹太商人、顾客、职工乃至整个社会都可以由犹太商人的经营活动而得利。

莱曼兄弟的故事对双赢这一技巧是很好的说明。

莱曼兄弟公司是 19 世纪 70 年代末期一家历经 150 年的美国犹

太老字号银行。一年利润数额可观，高达 3500 万美元。它的创业史具有相当传奇的色彩。

1844 年，德国维尔茨堡的一个名叫亨利·莱曼的人移居美国，他在南方居住一段时间后，就和自己的两个弟弟——伊曼纽和迈耶一起定居在亚拉巴马，并开始做起杂货生意。

亚拉巴马是美国的一个产棉区，农民手里多的是棉花，但却没有现金去买日用杂货，于是就产生了用杂货去交换棉花的方式。双方都皆大欢喜，农民得到了需要的商品，他也卖掉了杂货。

这种方式，乍看上去与犹太人"现金第一"的经营原则不符，但这却是莱曼兄弟"一笔生意，两头赢利"的绝招。这种方式不仅吸引了所有没有钱买日用品的顾客，扩大了销售，而且有利于莱曼兄弟降低棉花价格，提高日用品的价格，并且使杂货店在进货之际，顺便把棉花捎出去，避免了单程进货，更省下不少运输费。

没过多久，莱曼兄弟便由杂货店小老板发展成经营大宗棉花生意的商人。棉花典当成了他们的主要业务。美国南北战争期间，莱曼兄弟在伦敦推销邦联的商务，在欧洲大陆推销棉花。战后，他们在纽约开办了一个事务所，并于 1877 年在纽约交易所中取得了一个席位，成为一个"果菜类农产品、棉花、油料代办商"。莱曼兄弟公司从此走上了规模化发展的道路。

精明的商人在处理利益时，特别善于做到两头赢利。因为他们明白，两头赢利的生意不但能使对方欢喜，更能为自己争取更大的利益。个人如果光想着自己的利益，只知往自己的口袋里塞钱，那么，当对方知道自己的利益受到了严重的损害时，他们便会义无反顾地与你断绝生意上的往来，到那时，你就得不偿失了。

所以，好生意要尽量做到两头赢利。

路德维希·蒙德是一位犹太实业家，曾创立世界上最大的生产碱的化工企业——布隆内尔·蒙德公司。

1889 年，布隆内尔·蒙德公司作出了一项重大决定，将工人的工作时间定为每天 8 小时。在当时的英国，工厂中普遍实行一天 12 小时工作制，工人一周要工作 84 小时。所以，蒙德的决定被称为"令人惊讶的变革"。但事实证明，工人每天 8 小时内完成的工作量和原来 12 小时的一样多，因为他们的积极性极为高涨。这种两全其美皆大欢喜的效果，可以说正是最善于从人与物两个角度来考虑问题并使之达到和谐一致的犹太商人所着意追求的。

这时，工厂周围的居民的态度也发生了根本的转变，原先因为怨恨蒙德破坏了乡村的宁静而拒绝为他工作的成群劳动者，现在争着进他的工厂做工。在布隆内尔·蒙德公司所属的工厂里做工，可获得终生保障，而且在父亲退休之后，可将他的工作像家庭遗产一样传给儿子。

共赢作为一种交际准则，不仅适用于自己的竞争对手和对象，而且对公司的内部员工同样适用。

在英国，最有名的百货公司是"马克斯－斯宾塞百货公司"，这家百货公司是由一对亲兄弟西蒙·马克斯和西夫·马克斯创立的。

马克斯－斯宾塞百货公司，虽以廉价为特色，但非常注意质量，真正做到了"价廉物美"。这家百货公司差不多产生了一场社会革命。因为原先从人们衣服穿着上可以区分不同社会阶层，但由于马克斯－斯宾塞百货公司以低廉的价格提供制作考究的服装，使得人们花钱不多就可以穿得像个绅士或淑女，以"貌"取人的价值观念也随之起了根本的动摇。现在在英国，该公司的商标圣米歇尔成了一种优质商品的标记。

马克斯－斯宾塞百货公司不但为顾客提供满意的商品，还提供最好的服务。该公司的售货员礼貌服务之周到，在讲究礼仪的英国成为一个典范。西蒙和西夫在挑选职员时，就像挑选所经营的商品一样，一丝不苟，真正使公司成了"购物者的天堂"。

西蒙和西夫在让顾客满意的同时，还做到了让职工也满意。他们对职工要求很高，但为职工提供的工作条件在全行业中属于最好的，职工的工资也最高，还为职工设立保健和牙病防治所。由于这些优越条件，马克斯－斯宾塞百货公司被人称为"一个私立的福利国家"。

美国"希尔斯·罗巴克百货公司"采取同样的经营宗旨，甚至在对待顾客和职工的优惠方面更有过之，并将这种恩泽施向整个社会。

朱利叶斯·罗森沃尔德是希尔斯·罗巴克公司总裁。他是一个德国移民的儿子，曾经在叔叔的百货公司工作。后在希尔斯·罗巴克公司融资的时候，他以37500美元的投资，约占融资总额的1/4，进入公司董事会。1910年公司的创立人理查德·希尔斯退休，罗森沃尔德接替了他的职位。到1932年他去世时，希尔斯·罗巴克百货公司已成为美国最大的企业之一，平均每年赢利为5亿美元。

罗森沃尔德也以价廉物美为其经营宗旨。但希尔斯·罗巴克百货公司的真正本钱，还是罗森沃尔德制定的一条规定：不满意，可以退货。这是商业最高道德的最实在的体现，现在已经成了许多商店的标志，但在当时是前所未闻的。罗森沃尔德是第一个将商业信誉提到这样高度的人。

希尔斯·罗巴克百货公司以其商品质量、价格、信誉，还有对市场的准确预测，得到了消费者的广泛欢迎。公司的商品目录在罗森沃尔德逝世前已经发行了4000万册，几乎每个美国家庭中都可以见到。观察家认为，这一连续出版的商品目录几乎构成了美国的一部社会史，从中可以探视到美国人审美趣味的发展。

公司内部的共赢，不仅是经济利益方面的共赢，还应该包括社会、文化利益方面的共赢。

美国的惠普公司用定期举行"啤酒联欢会"的办法来维系与员工的感情，增强"家族感"。会上全体员工可以畅怀痛饮。豪饮中，穿插着各种节目，必不可少的"节目"是唱公司的歌，宣读公司的宗旨，公布公司的经营状况。公司领导人大张旗鼓地表彰每一位值得表彰的职工。也正是在这个时候，员工们无所不谈，感情在杯盘之间流动，上下左右之间的距离拉近了，亲近感增强了，家族感上升了。员工们感到自己没有被冷落，而是受到公司的重视，因而激发起一种更加努力工作的热情。

作为企业管理者，理当是员工的"保护人"。要竭尽全力地维护员工的种种切身利益，如经济利益、政治利益、文化利益、法律利益等。这往往也是许多员工最为关心的现实问题。美国柯达公司在这方面往往有别人意想不到的绝招。

伊士曼在1912年就在柯达公司建立了"红利"制度。工人们除了每月领到比在其他公司优厚的薪金外，每年还可以根据自己为公司所做贡献的大小参加分红。这在美国企业中是首创。

1919年，当其他公司都已竞相效仿时，伊士曼又开始了"入股制"，即鼓励员工入股，把自己在柯达1/3股权让给员工分享。这两项制度延续至今，工人得到的"红利"与"股息"随着企业的兴旺而逐年上涨，怪不得柯达公司所在地纽约罗彻斯特的商人，每年都热切地盼望柯达分红这一天——3月15日后的第一个星期五，他们总是以种种喜庆的形式欢迎这一天的到来。

拥有百万名员工、在世界各大航空公司中享有盛誉的新加坡航空公司，以严格的纪律和考核著称，同时也以优厚的福利深深地吸引着员工。

比如该公司乐意帮助员工进行业余学习，规定凡每月工资低于2000新加坡元，并与公司签订了5年工作合同的员工，读高中可补助500新元，读专科可补助1000新元，每年可免费到国外旅行一次，其配偶和子女同享此待遇。未结婚的员工，则规定其父母和18岁以下的兄弟姐妹可同享此待遇。员工持有本公司的股票，由于该公司经济效益甚佳，股票的红利相当丰厚，使员工受益匪浅。这种与公司"俱荣俱损"的关系，使员工为公司努力工作，尽心尽力，这又促使公司经济效益节节上升。

顺应市场的变化

每个企业应该善于根据变化了的市场情况和竞争对手情况，制订出各种应变的计划。

有个英籍犹太人名叫詹姆士，原来沾染了恶习，本身是个花花公子，沉溺于赌博，到处寻花问柳，把父亲给他的一笔财产挥霍光以后，生活也难以为继时，才觉醒为了生存要努力奋斗。浪子回头金不换，詹姆士决心从小买卖做起。他从哥哥那里借来一点钱，先是开办了一间小药厂。他坚信汗水浇出的花朵特别美丽，他从早到晚每天工作 18 个小时，亲自在厂里组织生产和销售工作。他把工厂赚到的每一分钱都积蓄下来准备扩大再生产。几年后，他的药厂平均每年有几十万美元盈利，已经办得初具规模了。但灵敏的詹姆士经过市场调查和分析研究后，发现当时市场药物发展前景不大，而全世界有几十亿人口，每天要消耗大量的各式各样的食物，可以说食品市场前途一片光明。

经过一番深思熟虑后，他于 1965 年毅然转让了自己的药厂，又向银行贷款，买下了"加云食品公司"的控股权。这家公司的规模不大，但经营类别不少，是专门制造饼干、糖果及各种零食的，同时又经营烟草。詹姆士掌握了该公司的控股权后，在经营管理和行销策略上进行了一番改革。他首先将生产产品规格和样式进行延伸扩展，如饼干除了增加品种，细分儿童、成人、老人饼干外，还向蛋卷、蛋糕等发展；把糖果延伸到香口胶，巧克力等多品种；这样公司的销售额飞速增长。接着，詹姆士又在市场领域下功夫，他除了在法国巴黎经营外，还在法国其他大中城市设立分店，之后还在欧洲众多国家开设分店，形成广阔的连锁销售网。随着业务的增多，资金像雪球一样越滚越多，詹姆士又随机应变，收购了荷兰和英国等国的一些食品公司，成立了其他食品公司难以抗衡的大集团，声名鹊起。到 1972 年，他的食品连锁店已达到 2500 家，成为英国最大的食品公司了。

詹姆士时刻关注着市场风云的变化，灵机应变，逐步由食品行业经营开拓到出版业、房地产业、金融业、石油业。经过 20 多年的苦心经营，他已成为世界 20 位顶级富豪之一了。

从詹姆士身上我们不难看出这样一个道理，准确的市场预测对一个商人来说至关重要。这一点也是犹太父母在教导孩子经商技巧时反复强调的。犹太人在预测市场、选择实业时，一方面重视自身的经验与父辈们延续下来的传统，另一方面又表现出灵活机动、随机应变的特点。一般人认为，犹太人经常选择的职业为金融业，但事实上，犹太人在选择职业时具有较大的伸缩性。特别是在当代，犹太人的职业选择越来越多地超出传统领域。只要有利可图并且便于驾驭，犹太人就会毫不犹豫地进行投资。拉比总是这样告诫孩子，职业无贵贱之别，无高低之分。

以美国为例，犹太人不仅仅在金融业领域占据了很高的比例，而且在轻纺业、废旧物资利用业、家具制造业等领域也极为活跃。他们认为，评判一个商人成功与否的关键，不在于他所从事的行业是否令人瞩目，而在于他占领的市场到底有多大，有没有高明的获利策略，能不能赚取超额的利润。

在经营活动中，犹太人善于忍耐的性子是闻名于天下的，他们能不厌其烦地等待对方的确认或改变态度。但是，犹太人的忍耐是基于合理的计算和有发展前途的买卖，当他发现不合算或没有发展前途的，不用说几年，哪怕是几个月，也不会等待下去，而是随机应变，做出适合于当时环境的选择。

在采用哪种市场策略的问题上，犹太人还十分注重市场预测，不惜花费财力物力作周密的可行性研究。在任何买卖和投资活动中，事前往往要制定出详细的短期、中期和长期计划。并且对这些周密的计划并不是死搬硬套，而是根据事态的发展，见机行事，灵活运用。

投入短期计划后，即使发现事情实际发展情况与事前预测有一定的出入，他们也会毫不动摇，仍投入资金，积极地按原计划实施下去。经过短期计划的实施后，即使效果不及预料中的好，他们也会继续追加投入，继续推出中期计划，千方百计保证各项策略的实施。如果认真执行中期计划后仍未达到预期的效果，并且又没有确切的事实作为证明未来会发生好转的依据，那么犹太人就会毅然决然地放弃这宗交易或投资。一般商人会认为，已经实施了两套计划，这个时候放弃，岂不是前功尽弃，损失了不少投入？但犹太人却泰然自若，无怨无悔。他们认为，虽然没有从前期的投资中赚到利润，但适可而止，没有留下后患，不会因为一个烂尾工程而扰乱其他的工作或将来项目的实施，其实是最大限度上地减少了损失。

犹太人的高明之处正是在于这样随机应变、依据环境和竞争对手的变化而调整自己的战略。

当今的市场变化多端，竞争激烈，企业能否顺应这种变化而动，成为企业能否生存和发展的关键所在。犹太商人在经营生意中，能依据外部环境的变化，特别是市场环境和竞争对手的变化而相机改变自己的战略技术，这的确是高明的。每个企业应该善于根据变化了的市场情况和竞争对手情况，制订出各种应变的计划。这才真正学到了犹太人的灵活应变的生意经。

这是一个亿万富豪最多，被称为"世界第一商人"的民族；是一个最具创新力，获诺贝尔奖人数最多的民族；是一个创人均读书最多的民族；是一个最善于冒险的民族；是一个精于律法和契约的民族；是一个时间观念最强的民族……这就是犹太民族，拥有着世界上独一无二智慧的民族。

图书在版编目（CIP）数据

犹太人教子的18条经典法则 / 宿文渊编著. —北京：
中国华侨出版社，2013.8（2020.4重印）

ISBN 978-7-5113-3933-1

Ⅰ.①犹… Ⅱ.①宿… Ⅲ.①犹太人—家庭教育 Ⅳ.①G78

中国版本图书馆CIP数据核字（2013）第195168号

犹太人教子的18条经典法则

编　　著：宿文渊
责任编辑：滕　森
封面设计：冬　凡
文字编辑：刘晓菲
美术编辑：汪　华
经　　销：新华书店
开　　本：680mm×980mm　1/16　印张：14　字数：198千字
印　　刷：三河市兴达印务有限公司
版　　次：2013年10月第1版　2021年11月第4次印刷
书　　号：ISBN 978-7-5113-3933-1
定　　价：36.00元

中国华侨出版社　北京市朝阳区西坝河东里77号楼底商5号　邮编：100028
发 行 部：（010）88893001　　　传　真：（010）62707370

如果发现印装质量问题，影响阅读，请与印刷厂联系调换。